一叶轻舸驶江河
林徽因传

紫云英 著

广陵书社

·扬州·

图书在版编目（ＣＩＰ）数据

一叶轻舸驶江河 ： 林徽因传 / 紫云英著. -- 扬州 ：
广陵书社，2024.1
ISBN 978-7-5554-1820-7

Ⅰ. ①一… Ⅱ. ①紫… Ⅲ. ①林徽因（1904-1955）
－传记 Ⅳ. ①K826.16

中国国家版本馆CIP数据核字(2023)第107776号

书　名	一叶轻舸驶江河：林徽因传		
著　者	紫云英		
责任编辑	李　佩	特约编辑	曹文静
出版人	曾学文	装帧设计	鸿儒文轩

出版发行　广陵书社
　　　　　扬州市四望亭路 2-4 号　　　　邮编 :225001
　　　　　http://www.yzglpub.com　　E - mail:yzglss@163.com
印　刷　三河市华东印刷有限公司

开　本　880mm×1230mm　　1/32
字　数　168 千字
印　张　8.25
版　次　2024 年 1 月第 1 版
印　次　2024 年 1 月第 1 次印刷
书　号　ISBN 978-7-5554-1820-7
定　价　56.00 元

序：踏上心灵之旅

　　林徽因（1904—1955），建筑学家、诗人、作家、编剧、设计师。她才华横溢，文理兼修，工科出身，有着冷静而缜密的思维，其建筑学成就，学界有目共睹，文学创作仅为"业余玩票"，却跻身优秀作家诗人之列。她出身书香门第，样貌一点也不输才华，并且婚姻美满，儿女双全。此外，她还获得多位精英知己的厚爱。林徽因的一生，不禁让人感叹，她真是深得上苍的眷顾。

　　然而，细细品查，"上苍眷顾"未必有，"平衡兼顾"不可无。你可知道，出身大家的她，有个挥之不去的童年阴影。你可了解，妙笔生花的她，与卡夫卡、鲁迅等名家一样，饱受肺病的折磨。你可懂得，作为建筑学界精英的她，曾在战乱中走过多少路，爬过多少古建屋梁。你可知晓，婚姻美满的她，在兼顾事业与家庭的时候，吃了多少苦。

　　平衡之美，在她的笑颜，在她的图纸构建，在她美丽的诗篇。那动人的笑颜，源自亲情的多方兼顾，源自友情的互相熏陶，源自爱情的坚守经营。那绝佳的构建，出自良好的家庭教育，出自刻苦的求学钻研，出自明确的事业追求。那美丽的诗篇，来自美好的心态，来自深度的"生活阅读"，来自一双发现美的美丽眼睛。

那样的笑颜，那样的学识，那样的诗篇，令世人艳羡，令世人爱慕。然而，她的倩影存留在那回不去的昨天。再多的情思，再多的挂念，再多的笔墨，离开了当时的社会大背景，以及那各方各面的人文小背景，也无法重现。

保罗·瓦莱里说："诗人都是哲学家。"那么，林徽因这位美丽的诗人，岂不是一位深谙平衡之道的哲学家？关于她的历史，她丰富而精彩的一生，岂不是"哲学史"中最美的一章？

克罗齐说："一切历史都是当代史。"是的，正如康德所说："我们的知识被自己的知觉能力和组织经验原材料的思想方式所限制。"我们对世界的认知，在很大程度上来说，是我们内心与外在事物的共鸣。即古人所说，仁者见仁，智者见智。

林徽因一生的成就，早已盖棺定论。建筑学的后生们对她顶礼膜拜，文学界的晚辈们对她真心佩服。然而，在喧嚣的互联网时代，林徽因却被一部分不明真相的"围观者"污言中伤，令人不忍直视。对此，以客观之笔，走近真实的林徽因极有必要。

在认识真理的道路上，独立思考的能力最为重要。不要人云亦云，更切忌道听途说。小马过河，还需亲力亲为，方知事物的原本样子。

认识一位真实的林徽因，亦是镜鉴自我心灵的过程。那么，请踏上这一段美丽的心灵之旅吧。

第一章　像一阵细雨洒落人间

第二章　生如夏花

第三章　乱世中的修行

第四章 最坏又最好的结局

像一阵细雨洒落人间

一叶轻舸驶江河：林徽因传

最美的时节，最美的消息

时光不停地流转。岁月无情又沧桑。叹大江东去，人生苦短，英雄豪情敌不过那光阴寸寸乱。冬去春来暖，夏退秋送爽，美人如玉终迟暮，骚人可曾肝肠断。不要说，美丽不常在，她只不过性喜迁徙。冬天，她在塞外纷飞的白雪里。秋天，她随金风吹拂的京华烟云飞起。夏天，她在绿阴浓密的山谷小溪底。春天，她转向江南草长莺飞燕衔泥。

在江南，烟花三月的春盛之时，自是美丽。然而最美的时候，却是那落花时节，暮春与夏初的交接之处。在那样的时节里，春寒已尽，暑热未临，落红满地，小莲青青浮起池中，未曾盛开，已初放幽香。那样的时节，正如其对应的星座，兼具多重性格，却又处处显现出美丽与可爱。这就是芒种的尾巴，双子的无时差。

在各地美丽的四季中，雕刻出江南的暮春与初夏，细细琢磨那杭州西湖边的芒种尾巴，是为了寻找自我心灵镜鉴的起点，芳华诞生的一刹那。

诗意原点，"水珠"的荣耀

公元 1904 年 6 月 10 日，即农历甲辰龙年四月二十七，在杭州城陆官巷的林家宅子中，一个小小的婴儿降生了。这个婴儿是她父亲母亲婚后八年的第一个孩子，而她的祖父得知她来到人世的消息后，极度喜悦，给她取名"徽音"，用以表达自己内心的喜悦。"徽音"典出《诗经·大雅·思齐》，"大姒嗣徽音，则百斯男"，意为"美好的消息"。1904 年 6 月 10 日，我尚未找到确切的史料记载证明杭州城这一天确实下了雨。然而，当此时节，正是梅雨季节的开端，不一定是这一天，或前或后，江南的雨总会飘洒而来。就在这样的时节，那个给整个家庭带来美好消息的小小婴儿，她给每个家庭成员带来的喜悦，岂不是就像一阵轻灵的细雨，洒落人间，润物无声。

这个叫作"徽音"的小小婴儿就是后来的林徽因。后来她自己将名字"徽音"改为"徽因"，是因为与另一位写诗的男作家重名重姓，两人的作品发表于报刊上不时被人混淆。"我倒不怕别人把我的作品当成了他的作品，我只怕别人把他的作品当成了我的。"林徽因这样解释自己改名的原因。

最美的时节，最美的消息。这消息穿越一百多年的时空，而今美丽依然。这美丽不是空中花园，而是生发于书香门第最深的土壤里。这个书香门第的林家，原籍福建闽侯。那个为孙女的降生而欣喜不已的祖父名叫林孝恂，他在公元 1889 年（即光绪十五年）考中进士，在江南一带为官。他不仅是清朝末年创办新学的先锋人物之一，而且多次斥资支持国父孙中山的革命运动。林徽因的父亲林长民，字宗孟，是林孝恂的长子，1906年前往日本留学深造，并在早稻田大学毕业。林长民有深厚的为文作诗功底，并且写得一手好字。他学成归国后，联合同学刘崇佑，一起创办了私立福建法政学堂，并任校长。该校为民国三大私立法政大学之一。林徽因的堂叔林觉民，正是著名的《与妻书》的作者，他与林徽因的另一位堂叔林尹民都在黄花岗起义中壮烈牺牲。

父亲总是很忙，林徽因童年的大部分时光在祖父母与姑母的身边度过。姑母林泽民亦有深厚的学养，她是林徽因与表姐们的启蒙老师。这位启蒙老师在自己的学生当中，最欣赏聪颖的林徽因。

林长民，字宗孟

林徽因的聪颖，不仅表现为她对知识领悟的迅捷，还表现为她对凡俗事物的诗意眼光。6岁的小林徽因，曾经被隔离在后院一段时间，那是因为她出水痘。这水痘让她无法与小伙伴们一起玩耍，也无法与表姐们一起听课学习。然而，小徽因并不讨厌这个让她被"关禁闭"的病症，只因为"水痘"在她的家乡话中被叫作"水珠"。她后来在散文中写道："当时我很喜欢那美丽的名字，忘却它是一种病，因而也觉到一种神秘的骄傲。只要人过我窗口问问出'水珠'么，我就感到一种荣耀！"

20世纪20年代初，雪池林寓，林徽因与表姐

1911年，武昌起义爆发后，林长民把法政学堂的管理事务交予他人，开始到全国各地宣传革命，之后他担任南京临时政府的参议院秘书长，后任段祺瑞政府司法总长。随着林长民职务的升迁，林徽因随父母一路从杭州到上海，又从上海到北京。

在北京，12岁的林徽因进入培华女子中学学习，一起入学的还有她的表姐们。该中学是英国教会创办的贵族学校，在当时颇有盛名。该校为寄宿制，学生每个礼拜仅礼拜日可以离校回家。值得一提的是，该校教师皆为外籍，课堂上全为英语教学，并且教风严谨，后来林徽因地道的英语口语就是发端于斯。

林徽因的画作

中学时代的林徽因与表姐们

"娉娉袅袅十三余，豆蔻梢头二月初。"正是那最天真烂漫的年纪，犹如那含苞待放的花朵，在早春的料峭中，自有一种说不出的鲜妍明媚。寄宿学校再严格的校规，也束缚不了少女们阳光灿烂的心情。校规要求着装统一，那中西合璧的偏襟上衣齐膝裙，穿在少女们的身上是那么让人眼前一亮。平常功课忙，而且又不在同一个班，小徽因也只有周日回家才与表姐们聚在一起，此时，机灵活泼的林徽因总能给表姐们带来欢声笑语。

家庭难题，童年的阴影

然而，再明媚的阳光下也会有阴影。为世人所艳羡的林徽因，小时候就有一个抹不去的心结。她的母亲何雪媛14岁就嫁入林家作为林长民的二夫人，八年后为林家生下林徽因这么一个女孩，被林长民视作掌上明珠。但遗憾的是，她父亲林长民并不爱她的母亲。除了林徽因，她的父母还给她生了一个妹妹麟趾，父亲对于麟趾也极为疼爱，却对母亲冷淡依然。在麟趾不幸夭折后，情况就更为急转直下了。在那之后，林长民又娶了三夫人程桂林。当时的何雪媛年仅31岁。

林徽因称父亲的三夫人为"二娘"。二娘不久之后就连续为林长民生了几个儿女。尽管住在后院的母亲何雪媛对"二娘"心怀恨意，林徽因却喜欢到前院二娘那里和弟弟妹妹们一起玩。每次小徽因在前院与弟弟妹妹们开开心心地玩耍之后回到后院，总少不了要忍受母亲的埋怨与哭诉。母亲埋怨命运的不公，并不断提起那个听话的小女儿，惹得自己伤心一番。

1916 年，北京，林徽因

年幼的林徽因只是单纯地喜欢与弟弟妹妹们一起玩耍，或许她还很难理解母亲的哀怨之情。然而，母亲的心伤会一直埋在她的心底，成为那灿烂阳光下的阴影，挥之不去。

成年后，林徽因在进行文艺创作时，童年的阴影反映在了她的小说当中。她的小说《绣绣》于 1937 年 4 月 18 日在《大公报·文艺副刊》发表。小说描写了一个美丽小女孩的悲剧。虽然小说以第一人称"我"讲述邻居小伙伴绣绣的故事，但是绣绣有着林徽因童年时代的影子。小说中 11 岁的绣绣聪明灵秀，会给 13 岁的"我"带来种种惊喜。然而绣绣的家庭并不幸福，因为母亲有缺陷的性格总是给人带来负能量，而父亲又另娶了新姨娘，姨娘又为父亲生了孩子，绣绣终日忍受父母之间的战争，最后因病夭折。曾给"我"带来惊喜的瓷碗最后也和绣绣一样悲剧地毁灭了："外面秋风摇撼着楼前的破百叶窗，两个人看着小脚老妈子将那美丽的尸骸同其他茶壶粗碗的碎片，带着茶叶剩菜，一起送入一个旧簸箕里，葬在尘垢中间。"这篇小说，林徽因以小孩子的视角写就，最后也发出了小孩子的感慨："这世界上许多纷纠使我们孩子的心很迷惑，——那年绣绣十一，我十三。"

风刀霜剑时常有，花儿依然开。阴影终究敌不过阳光的灿烂。尽管有不开心的时候，林徽因还是健康快乐地成长了。在完成自己学业的同时，林徽因还帮忙料理家事，尤其是林家因政局变化迁往天津期间，她一人与父亲独留京城，替父亲料理家事，屡屡获得父亲的赞赏与肯定。

"五四"运动那一年，林长民担任巴黎和会观察员，并奋笔疾书，抨击亲日派，抗议日本承继德国在华权益。1920 年春季，林长民作为国际联盟中国协会成员出访欧洲，为了让心爱的女儿增长见识开阔眼界，他决定带上林徽因一同前往。

生活在别处

出发之前，父亲林长民就在信中说了此行带上林徽因的目的：暂时离去家庭繁琐生活，俾得扩大眼光养成将来改良社会的见解与能力。

1920年，前往欧洲途中，林徽因与同船旅客合影

1920年，一身洋装的林徽因

五彩缤纷，远方的糖果

林徽因跟随父亲，登上轮船，漂洋过海，经过两个多月的颠簸，来到了遥远的欧洲。在随后的几年里，年少的徽因，随同父亲的脚步，几乎踏遍了西欧与北欧。浪漫的法国、历史悠久的意大利、严谨的德国、童话世界般的瑞士……这些国家的主要城市都留下了林徽因年轻的倩影。

1920年，伦敦，林徽因

远方是一堆糖果，有五彩缤纷的水果糖，有回味悠长的酒心巧克力，还有那永远不会腻的原味巧克力。那些美丽的自然风光，令人沉醉于其中的色彩，正是那五彩缤纷的水果糖。那些历史悠久的人文景观，让人品味到时光沉淀的滋味，恰如那回味悠长的酒心巧克力。而异国他乡的日常生活，让人最真实地生活在别处，则是最耐人寻味的原味巧克力。

从小就对平常事物有着诗意眼光的林徽因，自然喜爱那"五彩缤纷的水果糖"。林海起绿波，高山积白雪，群鸽飞蓝天，人影掠红花……欧洲的自然风光令年少的徽因沉醉。

而此次携女儿出访欧洲的林长民则有着更为明确的目标，他带林徽因参观各个著名的人文景观，并特意领着她参观了欧洲的工厂与报社等工业时代的现代化机构，意在为中国社会接下来的改良提供参考的样本。

水果糖与酒心巧克力都畅享一番了，林徽因品味的最多的还是原味巧克力。在欧洲的时光，父亲林长民带她参观游览各地只是其中的少数时候，更多的时候，父亲需要参加各种业务上的交际与应酬。每当父亲不在身边的时候，林徽因就一个人宅在伦敦的寓所里读书。幸好她在北京培华女子中学就打下了扎实的英文基本功，

林徽因与父亲林长民

1920 年，伦敦寓所，林徽因与父亲在用餐

在初到英伦的岁月里，很快就能顺利地与当地人进行口头交流，以及独自阅读英文书籍。

生活在别处，阅读亦在别处。异国他乡的生活，林徽因阅读的也是异国他乡的精神食粮。她当时读过的书有：丁尼生、霍普

1922年，伦敦，林徽因

1920年，伦敦，踩高跷的林徽因

金斯、勃朗宁的诗，萧伯纳的剧本等。伦敦时常雨雾缭绕，每当那种天气，宅在屋中读书的林徽因就仿佛在无意识中，穿过迷茫，腾云驾雾地去到了另一个奇幻的世界。那个奇幻世界里，一切的一切，她好似亲身经历。

在伦敦难得的好天气里，女房东经常邀约林徽因一起出游。她们出游的经典项目是绘画写生。女房东作为一位建筑师，将建筑师的概念植入了林徽因的脑海中，从此她才知道建筑师与泥瓦工匠是不同的，才知道建筑学不是单纯的盖房子，才知道建筑学是兼具科学与美学的学科。她一生事业的种子就此播撒到了她的心田。

林徽因最常出游的地方是剑桥及其周边。在那里，"水果糖"与"酒心巧克力"都在闪闪发光，十分诱人。那里有青青草地、幽

1920年，伦敦，林徽因在户外

幽绿树，以及那被温柔水波拍打的康河。那里更有一座座历史悠久的古建筑，在静静地述说它们曾经的峥嵘岁月。在那里，她一生事业的种子在悄悄发芽，与此同时，那些美景也在熏陶她的文艺修养。

诗人光临，美丽的意外

生活在别处，远离母亲与弟弟妹妹，再无大家庭生活的繁琐之恼，然而也久久不能听到他们的欢声笑语。生活在别处，梦想的种子开始播种萌芽，却远离祖国华夏文明最深厚的土壤。生活在别处，有得亦有失，其意如之何？生活在别处，其中的意义远不仅仅于此。

1920年秋天，林徽因以不俗的成绩考取伦敦圣玛丽学院，开始了异国他乡的校园学习生活。而后不久，她生命中一个非常重要的朋友出现了。

1920年，伦敦，林徽因

同年的11月16日，那是一个雾蒙蒙的日子，父亲的两位朋友登门造访。这两位朋友分别是徐志摩与张奚若。当时，徐志摩刚从美国的哥伦比亚大学转学到伦敦，而张奚若则就读于伦敦大学政治经济学院。

生活在别处。缘分却不在别处，任凭你走过千山万水，越过重重海洋，缘分却插上翅膀，飞到你身旁。有缘千里来相会，无缘对面不相识。在异国他乡，两位同胞朋友的来访，不过是为那个雾蒙蒙的日子增添了些许生趣，当时谁曾想到，那一世的友谊就此结下。

在往后的日子里，徐志摩与林长民父女结下了深厚的友谊。徐志摩这位民国才子诗人，亦是出生于江南，只是比林徽因约早8年，地点在浙江海宁硖石镇。他出身于金融世家，在北京大学

第一次游欧期间的林徽因

读书时师从梁启超。到英国之前，他遵从父命在美国哥伦比亚大学学习经济学，奈何他对文史哲的兴趣远胜于冷冰冰的经济学，并最终作为罗素的忠实粉丝，决意离开哥大奔赴英伦追随罗素。徐志摩来到英伦，未遇罗素，却通过狄更生的帮助，获得剑桥大学特别生的资格，可随意跨院系选课听讲。

徐志摩与林长民一见如故，相见恨晚。林长民不俗的外貌与谈吐给他留下了深刻的印象。他们对社会、政治、文艺等领域的共同兴趣，令他们的谈话极为投机。他们两人的友谊还以一种新奇怪异的形式进展着：两名成年男子互通"情书"进行角色扮

林徽因与父亲林长民

演。徐志摩假扮有夫之妇,林长民假扮有妇之夫,两人上演"围城中人"戴着"镣铐"的惊世绝恋。

　　一位老才子与一位小才子的惺惺相惜,令他们的友谊日渐深厚。与此同时,小才子与老才子的掌上明珠也日渐熟悉起来。人生若只如初见,何事秋风悲画扇。回到最初的起点,谁又能想到,他会成为她生命中不能承受之轻。

生命中不能承受之轻

……最沉重的负担同时也成了最强盛的生命力的影像。负担越重，我们的生命越贴近大地，它就越真切实在。

相反，当负担完全缺失，人就会变得比空气还轻，就会飘起来，就会远离大地和地上的生命，人也就只是一个半真的存在，其运动也会变得自由而没有意义。

那么，到底选择什么？是重还是轻？

——米兰·昆德拉《不能承受的生命之轻》

轻与重，只在一念之间。

友情与爱情，有时只隔一层纸，而有时却远隔千山万水。

生活在别处，友情尤为珍贵。

伦敦的雨雾，飘飘渺渺，天地间若有所思。每当雨刚刚飘落时，一滴，两滴，三滴……仿佛天使在给房屋的眼睛滴眼药水，然而，不一会儿，密密的雨丝纷纷而至，房屋瞬间哭花了眼睛。那样的情境，不是异域旅人欲断魂，也非"情深深雨蒙蒙"苦情剧，然而更无杏花春雨江南那样的明媚。那样的情境，却最是

J. K. 罗琳笔下的魔法学校霍格沃茨，迷迷蒙蒙，却是三个好朋友友情的乐土。徐志摩不是哈利·波特，林长民也不是罗恩·韦斯莱，而林徽因却有着赫敏·格兰杰的聪敏与美丽。

歌德在《浮士德》的结尾写道："永恒的女性，引领我们飞升。"正如贝德丽采之于但丁，茅德·冈之于叶芝，在雨雾伦敦初相识的林徽因，对于徐志摩来说，可谓灵感的源泉，并无可置疑地成为他心目中致命的文艺女神。

最初的相遇总是轻松愉快的。那样的"轻"，正是卡尔维诺"所寻求的轻逸的形象，不应该被现在与未来的现实景象消融，不应该像梦一样消失……"当时的画面，在记忆中有着沉甸甸的质感，尽管"轻"，却像飞鸟一样轻盈，而非一根羽毛的轻浮无依。恰恰暗合了保尔·瓦莱里说的："应该像一只鸟儿那样轻，而不是像一根羽毛。"

天空未留痕迹，鸟儿已经飞过。然而，记忆中那只轻灵的鸟儿优美地划过情感的天空，不带走一片云彩，却留下了友情的深厚印记，此外还有世俗的种种流言非议。

飞鸟过处，如风一样轻盈。时光已逝，如何雕刻那段轻逸的往事？

为贤者讳，是文人史家向来的惯笔。故而，他们认为，武则天害死自己的女儿是虚构，李清照再婚的事情是虚构，华伦夫人做卢梭的情人只是出于帮助他的目的，波伏娃一生的爱人只有萨特一个。然而，生活远比虚构的故事精彩，事实总是惯于暧昧不明。阴阳交汇，始有万物。轻重变换，实乃世事之辩证大法也。

玉不琢，不成器。说的固然是雕琢的重要性，与此同时，这也说明了，玉，其材可雕琢也。朽木固不可雕，然而，清风飞鸟一样的往日时光，该如何去雕刻？

世界固然是物质的，唯物主义固然是正确的。然而，不做一个有心人，如何能够在这世界里寻找诗意？王小波说："一个人只拥有此生此世是不够的，他还应该拥有诗意的世界。"面对暧昧不明的世事，首先要做的就是从心出发，用心去体会，用心去思考。雕刻时光，于最轻盈之处发现沉重厚实的根基，在最沉重的地方找到轻逸飞扬的诗意。对于那世人纷纷关注的康桥之情（友情？爱情？见仁见智），诗意的眼光尤为重要。

暧昧不明，最美的时光

穿过将近一百年的光阴，我们看林徽因的那些旧照，依稀可见她当日的风华：面容姣好，双目含笑，双辫上的蝴蝶结更增添了她的灵气；或是中式上衣加齐膝裙，或是西式礼帽配长风衣，无不尽显她俏丽的身姿。16岁的林徽因正如一树花的初放，未尽繁华，却已显风姿。那时，徐志摩24岁，也正当最好的年华。从凝固时光的旧照中，我们亦可以看到他那玉树临风、书生意气的姿容。不要说外貌美较之于心灵美来说微不足道，正因美丽常在，所以智慧驻足。动之于心，形之于表。美丽的仪表亦是心中

1922年，伦敦，林徽因

一切美好的外在显露。人对事物的认知，总是由表及里，从外至内的。所谓的一见如故、一见倾心、一见钟情等等，除了语言的默契、价值观的相合，仪表之相悦，亦为其中的重要因素。总之，他们的初识，既有着双方各自深厚的学养作为背景，也少不了在异国风情的美景中，那俊男美女的靓丽"视觉效果"。

在"绝佳的视觉效果"以及"实力派的内涵底蕴"下，在雨雾伦敦的情境中，林徽因与徐志摩交往中那最初的喜悦，更多的是来自思想碰撞的火花，那火花闪耀在他们的双眸中，发出明亮的光辉。这光辉犹如天地间的闪电，山雨欲来风满楼，烟波江上使人愁，野渡无人舟自横，云收雨未散，日出彩云间，东边日出西边雨，道是无晴却有晴。友情与爱情的边界与定义，谁人说得清？

谁人说得清？那时风最轻。风流倜傥的诗人，江南水乡的才子，天真烂漫的性情，青春的姿容吐露温柔的诗语，再加上康桥迷人的风光，以及父亲最为赞赏的目光，种种因素，怎能不让年少的林徽因在与徐志摩的最初交往中，仿佛行走在云端，那种轻松愉快的心情，或许只有诗句能够表达出来。而对于徐志摩来说，林徽因那美丽的容颜、端庄的仪表、跳跃的思维、兼具感性与理性的才情、欢快的笑声，无不令他心驰神往，让他的"烟士披里纯"——灵感——喷涌，并且让他不愿提起自己已婚生子的事实。暂时忘却了自己沉重的家庭，那时的徐志摩也仿佛行走在云端，轻风拂面。

美丽的伦敦风物，美丽的青春容颜，这些都是引子而已。最实质最深刻的是思想的碰撞之美。徜徉在文学艺术的殿堂里，幸福来得更强烈。他们各自说起自己出国的初衷以及各国的见闻之后，更多的是谈论文学与艺术。在文学与艺术的相关话题中，他们从拜伦、雪莱、华兹华斯飞向济慈，《夜莺颂》的诗句一段段从他们的脑海里婉转而出。从美丽的诗句，到济慈的轶闻，再跳到奇妙的意象，可以说，他们在用自己的学养取悦冥冥之中的缪斯女神。更确切地说，他们在借助文学艺术的翅膀，飞翔在友情与爱情交界的天空，用言辞及物于心，取悦对方，取悦自己。

有人说，化身石桥，承受五百年风吹、五百年雨打、五百年日晒，方能换来今世的一相逢。相逢即有缘。当一切都随风而逝之后，是当初的情深缘浅，还是而后的缘深情浅？一言难尽也。

是非轻重，有待光阴的明证

好难得，能够曾经一起快乐。然而，每个人都是独立的个体，若要求得感情与思想的一致融合，那样的"难得"如何求得到？曾有过的共同快乐，却因为某个临界点，某个事情的浮出水面，让两个人的反应截然不同。

当林徽因得知徐志摩早已结婚生子并且其妻张幼仪已经到康桥照顾他的生活之后，那种轻松愉快的氛围顿时烟消云散，仿佛飞鸟从云端跌落大地。她刻意躲避他，而他却一往情深。之前那共有的快乐时光，于年少的她，是一种介于友情与爱情之间暧昧不明的美好感情；于已婚6年的他，却是一发不可收拾真真切切的火热爱情。固然，两人都曾倾悦于对方，于此临界点，在徐志摩已婚生子这件事情浮出水面的时候，却成了徐大诗人一厢情愿的事情。

青年时代的徐志摩

有着追求自由的天性，徐志摩执意离婚，认为那样可以获得与林徽因相爱的资格。他与张幼仪协商离婚时，晓之以理："……真生命必自奋斗自求得来！……彼此有改良社会之心，彼此有造福人类之心，其先自作榜样，勇决智断，彼此尊重人格，自由离婚，止绝苦痛，始兆幸福，皆在此矣。"

他以为那样解除了旧式婚姻的枷锁，获得的是没有负担的轻灵，却误以为林徽因也会这么觉得。然则在她看来，却是最沉重的负担。童年的阴影——母亲被二娘分去婚姻幸福的幽怨——长久以来一直萦绕在她内心最深处，为此，她绝不可能去破坏他人的婚姻，况且徐志摩与张幼仪早已有了孩子。

在这个临界点之前，他们的轻松愉快，还仿佛飞鸟的翅膀。而在这之后，徐志摩所追求的"轻"却成了飘忽不定"不靠谱"的单根羽毛——他的轻是她生命中不能承受之轻。故而，林徽因与父亲立刻离开英伦回国，并且是与徐志摩不辞而别。当徐志摩已经离婚并追到北京的时候，林徽因依然拒绝他。最后，徐志摩黯然写下《偶然》一诗，以纪念他们曾经共有过的那段轻松愉快的英伦岁月。

偶　然

我是天空里的一片云，
偶尔投影在你的波心。
你不必讶异，
更无须欢喜，
在转瞬间消灭了踪影。

你我相逢在黑夜的海上，
你有你的，

我有我的方向，

你记得也好，

最好你忘掉，

在这交会时互放的光亮！

在林徽因的诗歌中，也有若干首可以窥出当时复杂心情的蛛丝马迹，比如《仍然》，比如《情愿》，再比如《那一晚》说的"你和我分定了方向"。

那一晚

那一晚我的船推出了河心，

澄蓝的天上托着密密的星。

那一晚你的手牵着我的手，

迷惘的星夜封锁起重愁。

那一晚你和我分定了方向，

两人各认取个生活的模样。

那段轻逸的往事，在时光的隧道中暧昧不明。然而，将视野放宽，目力所及并不纠缠于当时的一个短的时间点，而是纵观林徽因一生的时光，她到底选择什么？是"重"还是"轻"？答案显而易见。

对的时间遇见对的人

"只羡鸳鸯不羡仙"，这是世人对爱情的向往与推崇。所谓的羽化升仙，所谓的清静无忧，都比不上红尘烟火里的比翼鸟、连理枝。爱情，也是要看运气与"人品"的，更要看"时节"。

时光，这一客观的存在，它践行着不偏不倚的公正。春天到来，百花齐放。夏季来临，荷送清香。秋高气爽，瓜果飘香。冬日飘雪，蜡梅独放。一切的一切，都少不了时光的公正安排。然而，除了时光的安排，还要看地域的不同。"桔生淮南则为桔，生于淮北则为枳。叶徒相似，其实味不同。所以然者何？水土异也。"在圆满的爱情中，天时地利人和，这三个因素，一样都少不了。

在错的时间遇到错的人，那是《包法利夫人》中的艾玛，最后为爱情耗尽所有，只好偷食砒霜悲惨死去。在错的时间遇到对的人，那是《安娜·卡列尼娜》中的安娜，最后走不出自己的心魔卧轨自杀。在对的时间遇到错的人，那是《战争与和平》中的娜塔莎，在情窦初开的时候错误地爱上了浪荡子阿纳托利，还好时光对她是仁慈的，让亲人令她"悬崖勒马"，最后又让她遇上了真命天子皮埃尔。在林徽因一生的时光里，徐志摩是她在对的时间遇见错的人，而梁思成则是她在对的时间遇见对的人。

青梅竹马，重逢即定方向

越过大洋，生活又回到了古都北京。在故宫不远处，北海附近，林徽因又回到雪池林寓，与母亲团聚。告别雨雾伦敦的朦胧岁月，回到北京的林徽因又重回培华女子中学读书。此番与前番已大有不同，因为那个对的人已经开始频繁出现在她的课余生活中。

早在前番的去国离乡之前，由于两家世交的关系，林徽因与梁思成早已相识。两家之间早已给他们二人定下了娃娃亲，然而并未向两个当事人说破，双方家长都尊重当时推崇的自由恋爱观念，让两个孩子自己互相交往，自然而然地日久生情。

出现在历史课本中的梁启超，给人的印象就是"公车上书"与"维新变法"。然而在林徽因与梁思成这里，梁启超是一位可亲可敬的慈父。梁思成是梁启超的长子，1901年4月20日在日本东京出生，仅比林徽因大三岁，基本上可以算是同龄人。少年时期，梁思成在日本的华侨学校受教育，此外，在父亲梁启超的良好熏陶下，他的中国古典文化功底极为深厚。父亲还以"清水出芙蓉，天然去雕饰""白鸥没浩荡，万里谁能驯"等诗句对联勉励他修养自己的人格，希望他正直清白、坦荡前进。从日本归国后，梁思成以优异的成绩考入清华学堂留美预科班。

在清华学堂中，梁思成可谓十足的"学霸"，学习成绩一直名列前茅。然而他并不是只会埋头读书的书呆子，他还在课余积极发展自己的多方面的兴趣爱好。他在音乐、美术、书法、运动等各类社团中，皆可列为翘楚。此外，他还是清华爱国社团"义勇军"的重要成员。

相似的家庭背景，相近的年龄，同样深厚的知识底蕴，以及对音乐、美术等领域共同的爱好，加之又符合双方家长的期待，林徽因与梁思成感情的萌芽与生长，可谓占尽了天时地利人和。每当他们在课余时间见面的时候，都

1922 年，雪池林寓，林徽因

可以称得上"良辰美景佳人"。正当最好的年华，能够相识相知，怎能不是"良辰"？

公主遇见王子，美丽地开始，甜蜜地相恋，从此过上了幸福的生活。如此平顺的情节，只会出现在童话中。现实远比虚构的故事丰富与精彩，夹杂着种种意外。1923 年 5 月 7 日，"王子"遭遇意外了。那天是"五七国耻日"，大学生们纷纷走上街头，高举横幅参加爱国游行。作为清华爱国社团"义勇军"的重要成员，梁思成当然不会错过这样的重要活动。那天，他骑摩托车带着二弟梁思永去追赶游行队伍，不料却发生车祸，他们两人都被轿车撞倒受伤，梁思成还骨折了。由于骨折，梁思成需要住

院慢慢恢复。福兮祸所伏，祸兮福所倚。意外的事故，是人所不愿的，然而谁又能说那全然都是坏事呢？此次梁思成受伤住院，林徽因一有时间就到医院悉心照料他，使得两人的感情更进一步深化。

由于骨折，住院期间的梁思成，不但"身无彩凤双飞翼"，而且作为正常人的行动自由也丧失了。然而，幸好有与他"心有灵犀一点通"的林徽因在他身边陪伴与照顾。在梁思成刚住院的时候，林徽因还没放暑假，她就请了假去照顾他。后来放暑假了，整整一个假期她都在病房陪伴与照顾梁思成。每当林徽因来到病房，她不仅给梁思成带来了物质上解馋的东西——梁思成最爱吃的冰镇杏仁酪，还带来了丰富的精神食粮——有当天的报纸、美丽的画册、美丽的诗集以及值得推荐的书籍。此外，林徽因还给行动不便的梁思成讲述她在学校与家中的所见所闻，让梁思成忘却了身体的疼痛与不便。从某种程度上来讲，这段住院的时光，是梁思成最为珍视的幸福时光之一。

梁思成、梁启超、梁思永、梁思顺

在医院陪床的那段时光，林徽因充分表现了一位未婚妻对未婚夫的深切关心与照顾：梁思成一丝一毫的疼痛，她都看在眼里，疼在心上，并尽心尽力地抚慰他照顾他。她替他读报，为他擦汗，给他翻身……这些本是未婚妻的分内之事，然而梁思成保守的母亲看到之后却极为不满，她认为一位未婚的大家闺秀不应该这样抛头露面。不仅如此，这位守旧的母亲对徐志摩为林徽因离婚的风波仍心存芥蒂。与此同时，梁思成的父亲梁启超看到未来儿媳妇林徽因那样尽心尽力地照顾自己的长子，心中充满了喜悦，原先对徐林风波的疑虑一扫而光。他看到自己夫人的不满，连忙打圆场，说这是未来儿媳妇分内之事，并且在给女儿思顺的信中得意地说："老夫眼力不错罢，徽因又是我第二回的成功。"此前第一回的成功，则是他为女儿思顺物色的佳婿周希哲，周希哲后来担任了驻菲律宾和加拿大使馆总领事，这令梁启超非常满意。

在医院陪伴与照顾梁思成的时光，林徽因不仅让两人的感情进一步加深，同时获得未来公公的认可，而且还发表了自己的第一部作品——英国作家王尔德的童话《夜莺与玫瑰》的中译本。这部充满诗意的译稿的完成，离不开她在病房中与梁思成的共同探讨与研究。这部歌颂爱情的童话作品，凝聚了她与梁思成爱情的心有灵犀。

梁思成左腿的骨折，由于一开始误诊，耽误了最佳治疗时期，后来虽有数次手术，恢复后却留下了永久的后遗症，他的左腿比右腿缩短了1厘米，导致后半生的跛足。然而林徽因对他不离不弃，一直陪伴在他的身边。

19世纪30年代，林徽因与梁思成

梁思成后来成为中国建筑学界的大师，其缘起却在林徽因那里。当初林徽因告诉他，她以后的专业志愿是建筑的时候，他还搞不懂那到底是house（房子）还是building（建筑物）。后来林徽因告诉他，是architecture（建筑学）。林徽因给他讲她在欧洲参观过的那些"石头的史诗"与"凝固的音乐"，那娓娓道来的恋人絮语，使他决定了自己今后一生的事业追求方向。

小小考验——幸福的插曲

恋爱的时光是幸福与快乐的。在没有意外的平静日子里，却有一些有趣的小插曲——或许在后人看来有趣，当事人就觉得有些尴尬与无奈了。在北海快雪堂松坡图书馆，梁思成有一个小图书室单间的钥匙，在那里，他可以独自安静地看书学习，更多的时候，他喜欢邀请林徽因一起在那里享受静好安详的阅读时光。然而，"贼心未死"的徐志摩总喜欢来当电灯泡，这令梁思成较为不爽与尴尬。后来，梁思成无奈之下只好在门上写了"Lovers Want to be left alone.（情人不愿受干扰）"，徐志摩看到后只好惆怅而无奈地回避了。

小插曲过去了，又有大插曲。1923年，徐志摩与胡适等人成立新月社，并创办《新月》杂志。林徽因经常出入新月社，开始活跃于北京的文化沙龙，并开始了诗歌创作。1924年4月23日，中国文化界迎来一件盛事——印度诗人泰戈尔来访。

在泰戈尔来访期间，徐志摩为其担任翻译，而林徽因也同时参与接待事宜。泰戈尔与北京学生的见面会，原定于天坛公园，后来考虑到该园收门票，不利于经济拮据的学生来参加，故而改在不收门票的先农坛。因时间久远，后世传记不乏误以为在天坛者。当时的情形，吴咏在他的《天坛史话》中用美丽的比喻句进行了生动鲜明的赞美："林小

梁思成、泰戈尔、林徽因

姐人艳如花，和老诗人挟臂而行，加上长袍白面、郊寒岛瘦的徐志摩，有如苍松竹梅的一幅三友图。徐志摩在翻译泰戈尔的英语演说时用了中国语汇中最美的修辞，以硖石官话出之，便是一首首的小诗，飞瀑流泉，淙淙可听！"此后还有传记浓墨重彩地渲染："祈年殿飞檐上的风铃，流水般摇响一片铜声的静穆，如一曲高远的梵歌，悠悠自天外飞来。"

为庆祝当年5月8日泰戈尔的64岁诞辰，北京文化界专门为他举办了隆重的祝寿会，并上演他的诗剧《齐德拉》作为贺礼。在该剧中，梁思成担任幕后的舞台布景设计，而林徽因饰演公主齐德拉，徐志摩饰演爱神玛达那。这场演出，既是献给泰戈尔的生日贺礼，又是新月社的第一个成果。观众中有诸多文化界的名流，就连与新月社有理念分歧的鲁迅先生也出席了。在诗剧中，林徽因美丽的造型与流利的英文给观众们带来不小的震动。从那之后，京剧名旦梅兰芳也成了才女林徽因的崇拜者。

此次演出，林徽因给观众带来震动，究其原因，她的美丽造型与流利英文

林徽因、泰戈尔、徐志摩

固然是其中最重要的原因，然而，徐志摩先前为了她而离婚的绯闻依然停留在众多世俗人的脑海中，此番他们二人在剧中的入情表演，怎么可能不引起爱好八卦的人们的猜想与非议。梁思成的母亲李夫人和他的姐姐梁思顺对于此事就不能释怀。

5月20日晚上，泰戈尔踏上归国的路程，徐志摩随车一路送行，林徽因与梁思成等人同到车站送行。林徽因的才貌给泰戈尔留下了深刻的印象，临行前他赠予她一首小诗：天空的蔚蓝，爱上了大地的碧绿，他们之间的微风叹了声"唉"。

在诗句中，是微风在叹气。在现实中，却是在车上的徐志摩从车窗望着送行的众人尤其是林徽因，在心里默默地悲伤与叹

泰戈尔与众友人在庄士敦景山家门前合影

气，因为此次离别，林徽因即将与梁思成踏上赴美留学的旅途，这是一次真正意义上的离别，一次告别过去感情的离别。

该年6月初，林徽因与梁思成双双踏上赴美留学的轮船，宾夕法尼亚大学的新生活就在前方等待着他们。

凝固音乐二重奏

建筑，被称为"石头的史诗"，又被称为"凝固的音乐"。林徽因与梁思成，是中国建筑学史上的两位重要人物，1924 年 7 月，当两人开始留学深造时，他们一生事业的交响曲就响起了前奏。

康奈尔大学时期是前奏，宾夕法尼亚大学时期是序幕，他们两人共同的事业追求是凝固音乐的二重奏，也是石头史诗的交响曲。琴瑟和谐是他们的主旋律，但一些干扰性的杂音也必不可免。

异国求学，学业爱情双丰收

在经历了一个月的海上颠簸之后，7 月 6 日，林徽因与梁思成踏上了美利坚的土地。他们先利用暑假两个月的时间在康奈尔大学上预备班，9 月才正式进入宾夕法尼亚大学深造。

康奈尔大学地处两道峡谷之间，三面环山，一面临水，风景十分幽美。风尘仆仆的林徽因与梁思成刚刚结束漫长的海上旅途，立刻就开始紧张的学习生活。林徽因选修的课程是户外写生和高等代数，梁思成选修的课程是三角、水彩静物和户外写生。

初秋9月，他们一同前往位于费城的宾夕法尼亚大学报到。通常人们说，夫唱妻随。然而在对建筑学的选择上，林徽因与梁思成却是"妻唱夫随"，前文已经讲过，梁思成是由于林徽因的介绍才开始了解并决定选择建筑学的。尽管如此，他们到了宾夕法尼亚大学之后，才发现天意弄人——宾大当时的建筑系并不招收女生，因为建筑系的学生时常在画室绘图到深夜，而校方认为女生深夜仍留在画室不甚妥当。梁思成已进入建筑系，而林徽因为了自己喜爱的建筑学，只得与同有此好的美国女生一样，采取曲线路径——进入美术系，同时选修建筑系的相关课程。由于成绩优异，林徽因一入学就直接就读于三年级，她的注册英文名为Lin Phyllis Whei-Yin。

　　创办于18世纪的宾夕法尼亚大学，历史悠久，是全美最好的几所高校之一。宾大的建筑系尤为出色，硬件软件兼优。硬件方面，建筑系所在的三层楼房，楼前是一大片的茵茵绿草，草地又连接着美丽的白桦林。软件方面，建筑系拥有雄厚的师资。建筑设计的两位主讲教授保尔·克雷与斯敦凡尔特，皆毕业于巴黎美术学院，颇具名气与影响力。

　　当时，国际建筑学界极为推崇在建筑中完美地融合科学与艺术，让建筑学更像是一种综合的艺术。在这一思潮的推动下，宾大建筑系的教学注重理论与实践的结合。建筑系的学生要有一双发现美的眼睛，并且要能够用科学的方法将事物的材料特性、空间、色彩、形体等要素以最佳组合的方式构建出来。此外，宾大建筑系的学生还可以不时从各类报告与讲座中汲取养分。

林徽因与梁思成沉醉于宾大浓厚的学术氛围中，他们早年的教育背景以及专注的学习精神，使他们在这片知识的海洋中如鱼得水。在课余时间，梁思成最喜欢做的事情就是泡图书馆。

在宾大，林徽因与梁思成都是勤奋好学的好学生，但是两者还是各有特色的。梁思成更像绝大多数的中国留学生，凭着坚强的意志力，对学术的各项基本功以及拓展内容狠下苦功夫，甘坐冷板凳，以扎实的理论体系及认真的实践操作获得优异的成绩。相比之下，林徽因固然也没有放松基本功的学习与训练，然而，她突出的成绩更显著地来自她的才华横溢、灵感飘飞。

关于林徽因在宾大的学习与精神状态，还是引用当时的文献更能够精准地还原。1926年1月17日，林徽因的一位叫作比林斯的美国同学撰写了一篇关于她的采访稿，并发表于《蒙塔纳报》。隔着近百年的时光，我们在采访稿中依稀看到林徽因在宾大的岁月：

> 她坐在靠近窗户能够俯视校园中一条小径的椅子上，俯身向一张绘图桌，她那瘦削的身影匍匐在那巨大的建筑习题上，当它同其他三十到四十张习题一起挂在巨大的判分室的墙上时，将会获得很高的奖赏。这样说并非捕风捉影，因为她的作业总是得到最高的分数或是偶尔得第二。她不苟言笑，幽默而谦逊，从不把自己的成就挂在嘴边。

"我曾跟着父亲走遍了欧洲。在旅途中我第一次产生了学习建筑的梦想。现代西方的古典建筑启发了我，使我充满了要带一些回国的欲望。我们需要一种能使建筑物数百年不朽的良好建筑理论。

"然后我就在英国上了中学。英国女孩子并不像美国女孩子那样一上来就这么友好。她们的传统似乎使得她们变得那么不自然的矜持。"

"对于美国女孩子——那些小野鸭子们你怎么看？"

回答是轻轻一笑。她的面颊上显现出一对色彩美妙的、浅浅的酒窝。细细的眉毛抬向她那严格按照女大学生式样梳成的云鬟。

"开始我的姑姑阿姨们不肯让我到美国来。她们怕那些小野鸭子，也怕我受她们的影响，也变成像她们一样。我得承认刚开始的时候我认为她们很傻，但是后来当你已看透了表面的时候，你就会发现她们是世界上最好的伴侣。在中国一个女孩子的价值完全取决于她的家庭。而在这里，有一种我所喜欢的民主精神。"

早年跟随父亲游学欧洲的阅历，锻炼了她对异国文化风俗生活的强大的适应能力，培养了她处变不惊的优雅淡定的气质，再加上活泼开朗的性格，林徽因在宾大的岁月中，生活丰富多彩，朋友各式各样。她加入宾大中国留学生会社会委员会，成为其中的一名委员，并且与闻一多成了好朋友。那一年的宾大美术系三年级只有四名学生，林徽因与其他三位同学的关系都不错，其中，她与伊丽莎白·苏特罗的交往比其他两位更为密切，苏特罗不时邀请林徽因到自己父母家中做客。好几十年过去后，已步入老年的苏特罗依然对她那位青春时代的宾大同学兼好友印象深刻，

1927 年，宾大，林徽因与梁思成

她在记忆中用美丽的比喻描画林徽因的样子："她是一位高雅的、可爱的姑娘，像一件精美的瓷器，而且她具有一种优雅的幽默感。"

如今在宾大的档案馆中，我们依然可以看到一张林徽因亲手设计的别致的圣诞卡，卡片上是圣母肖像，采用点彩技法绘制而成，该卡片当年在美国大学生圣诞卡设计大赛中为林徽因获得了殊荣。林徽因课余生活的丰富与精彩，由此可见一斑。

由于一入学就就读于三年级，宾大的美术学士学位被林徽因两年时间一口气拿下。不仅如此，她在建筑系旁听不到两年，就已受聘担任该系建筑设计教师的助理职务，不久，她还成为该课

程的辅导老师。

1927 年，林徽因时年 23 岁，她从宾大转入耶鲁大学戏剧学院。之后的半年时间，她师从 G. P. 贝克教授，在其工作室学习舞台美术。那半年的时光，她同样以非常认真的态度在学习和实践。究竟认真到什么程度呢？从林徽因自己的文字描述中我们可以感受出来："我记在耶鲁大学戏院的时候我帮布景，一幕美国中部一个老式家庭的客厅，有一个"三角架"，我和另一个朋友足足走了三天，足迹遍纽海芬全城，走问每家木器铺的老板，但是每次他都笑了半天说，现在哪里还有地方找这样一件东西……"

相比于林徽因丰富多彩的课余生活，梁思成的课余时间更多地花在图书馆和画室里，但这并不意味着梁思成就没有一丝情趣。梁思成曾经自己设计制作了一块仿古铜镜，铜镜上刻着云冈石窟的飞天浮雕，环绕着飞天的是一圈卷草花纹，图案中间镌刻文字："徽因自鉴之用，思成自镌并铸，喻其晶莹不玞也。"这件充满情意的手工礼物令林徽因极为赞赏并惊叹其简直可以以假乱真。梁思成听后才得意地说："做好以后，我拿去让美术系研究东方美术史的教授鉴定这个镜子的年代，他不懂中文，翻过来正过去看了半天，说从来没见过这么厚的铜镜，从图案看，好像是北魏的，可这上面的文字又不像，最后我告诉教授，这是我的手艺。教授大笑，连说 Hey！ mischievousimp！（淘气包）"

刀山剑树，爱的磨合与考验

凝固音乐二重奏，音韵优美，琴瑟和谐。然而，正如斯蒂文斯诗歌中说的"不完美是我们的天堂"，如歌的人生中总有那么些不和谐的杂音，虽然它们并不影响总体的主旋律。

国外的生活再精彩，那毕竟还是异乡。思念是一种病。思乡的情绪在精彩生活的间隙总会不时出现。在与国内友人的通信中，我们可以看到林徽因的思乡之情。"精神充军"是她对胡适描述的留学生活。在信中，提到北京，"渴想""狂念"等词语就会如影随形。

思乡之情会被精彩的生活冲淡，然而从家乡传来的噩耗却让异国他乡的生活瞬间失色。先是他们入校不到一个月的时间就收到梁思成母亲病逝的消息。由于刚入校不久，各方面尚未安顿好，梁启超数次致电告知梁思成不要回国奔丧，只许思永一人归国。梁思成自然是悲痛不已，林徽因也陪着他一起悲伤。他们在学校后山上朝着家乡的方向做了一次小小的祭奠，梁思成焚烧自己写给慈母的祭文，林徽因则将亲手编织的花环挂在松枝上。

在失去亲人的悲伤中，他们心意相通，更加珍惜对方的情意。然而，随着噩耗而来的是更令人不知所措的消息：梁思成的母亲李夫人一直对"现代新女性"林徽因心存芥蒂，直至病逝仍不满于长子的这门亲事。思成的长姐思顺也和母亲的观念一样，尤其在失去母亲的悲痛中，更是极力反对弟弟的这桩婚姻。

这样的消息令林徽因与梁思成饱受煎熬，度日如年。莫名的指责带给林徽因的委屈无可倾泻，她只得以赌气疏远梁思成以及莫名的争吵来宣泄内心的苦闷。梁思成饱受折磨，向来稳重谦让的他居然也开始和自己心爱的女孩儿怄气。撕心裂肺的痛苦、无可奈何的长叹，与同心忘我的快乐一样，也是恋爱的必修课啊。

受尽折磨的梁思成写信向长姐思顺倾诉自己的煎熬："感觉着做错多少事，便受多少惩罚，非受完了不会转过来。"他渴望得到姐姐的理解与支持。收到那封信时，思顺已从丧母的悲痛中恢复了过来，对于自己深爱的弟弟，她绝不忍心看他受苦，也不愿自己成为他幸福路上的绊脚石。得到了姐姐的理解与支持，梁思成与林徽因的感情才恢复如初。

爱是包容，爱是全然悦纳。得到亲人祝福的感情才是真正幸福的感情。

梁启超获知两个孩子和好如初之后，如释重负。在《梁任公年谱长编》中的《与梁思顺书》里，我们可以看到他对这件事解决后的欣慰之情："思顺对于徽因感情完全恢复，我听见真高兴极了。这是思成一生幸福关键之所在。我在几个月前很怕思成生出精神异动，毁掉了这孩子，现在我完全放心了。……我们一生不知要经历多少天堂地狱，即如思成和徽因，便有几个月在刀山剑树上过活！这种地狱比城隍庙十王殿里画出来的还可怕。……"

祸不单行。1925 年又传来了林徽因父亲的噩耗：在反奉战争中，林长民在郭松龄部队里不幸中流弹身亡。得到消息的林徽因

1927年前后，留美期间，林徽因（左三）与梁思成（左一）、吴文藻（左四）、陈意（左五）、陈植（最前者）等合影

悲痛欲绝，寝食难安。幸好有梁思成陪在她身边，悉心照顾。父亲的意外身亡，不仅让林徽因失去了从小到大的精神导师，也让她失去了留学深造的经济支持。幸好梁启超对她加倍关照，把她当成自己的女儿一样看待，主动担负起她的一切费用。

　　人生路上的痛苦，无不具有其独特而重要的价值。经历了感情的波折和失去亲人的悲伤之后，林徽因愈发成熟起来，她开始意识到人生更为现实的另一面，她的人生也开始从理想主义阶段步入现实主义阶段。

牵手旅行的意义

如歌的学生时代仿佛那么漫长，就像是我们盯着蓝天上的悠悠白云，那轻松愉快的瞬间好似有永恒那么长久。然而转眼之间，清风过处，天空中风云变幻，原先的白云刹那间改变了模样并且飘向了远方。

当我们还在象牙塔中遨游之时，多复杂的事情往后再回首总是显得那么单纯。当我们最终毕业，走向社会的时候，才明白，真正的人生之旅才刚刚开始。

离开校园，喜结良缘

1927年2月，梁思成以建筑学学士的身份从宾大毕业，之后进入哈佛大学研究生院研究东方建筑。当年9月，林徽因也从宾大毕业，获得美术学士学位。之后半年时间内，她在耶鲁大学戏剧学院学习舞台美术。半年过去之后，时值1928年2月，梁思成在哈佛以建筑学硕士的身份毕业。当此之时，他们两人都分别完成了自己的学业，即将踏入社会。

人生是什么？人生只不过是从出生到死亡的一段漫长而又短

暂的旅途。然而，我们需要按照自己的意愿和梦想为自己独一无二的人生寻找意义，我们的人生之旅需要自己为自己做注解，而不需要别人来断章取义。

人，是一种社会动物。因而，人的最大的存在价值要在社会当中才能得到体现。故而人生之旅的真正开端是在踏入社会的那一刻。

在林徽因与梁思成临近毕业归国之时，梁启超早已在北京为他们的婚礼做着各

1928年3月，加拿大温哥华，林徽因身着自己设计的礼服与梁思成结婚

种筹备工作。从聘礼定制、婚礼安排到婚后的蜜月行程，事无巨细，梁启超这位慈父以自己的殷殷之情一一筹划。

婚礼定在1928年3月21日。之所以选择这一天，是为了纪念中国古代著名的建筑学家李诫，这一天正是宋朝廷为工部侍郎李诫立碑刻的日期。婚礼在加拿大温哥华举办，由梁启超的长姐梁思顺与姐夫周希哲（时任中国驻加拿大总领事）具体操办。基督教将夫妻之情看得很重，甚至重于与父母或者与孩子的亲情；基督教的教堂婚礼也是颇为庄严的。林徽因与梁思成在温哥华的

婚礼正是采用庄严的教堂婚礼仪式，这也正是梁启超所主张的。

经过了庄严的教堂婚礼，林徽因与梁思成的一生正式缔结在一起了。结婚之前，梁思成曾经问过林徽因："有一句话，我只问这一次，以后都不会再问：为什么是我？"林徽因的回答意味深长："答案很长，我得用一生去回答你，准备好听我了吗？"这样的回答，虽然不是预料中的答案，却让人感到回答者的真诚与实在。"路遥知马力，日久见人心"，唯有时光，漫长的时光，经得起细细雕刻的时光，才能让一切水落石出。

此外，值得一提的是，林徽因在婚礼上所穿的礼服是自己设计的。礼服是旗袍式的裙装，外加精心设计的帽子。帽子典雅而别具民族风情，长长的披纱垂在两侧，正上方好似冠冕，帽子正中还有别致美丽的缨络。"民族的就是世界的"，林徽因早在近一百年前就实践了这一理念。

婚礼结束后，这对珠联璧合的新人将依照父亲梁启超策划的路线，开始他们的蜜月之旅。从梁启超当年的书信原文中，我们可以看到这位父亲的用心良苦：

> 你们由欧归国行程，我也盘算到了。头一件我反对由西伯利亚路回来，因为野蛮残破的俄国，没有什么可看，而且入境出境，都有种种意外危险（到满洲里车站总有无数麻烦）。你们最主要的目的是游南欧，从南欧折回俄京搭火车也太不经济，想省钱也许要多花钱。我替你们

打算，到英国后折往瑞典、挪威一行，因北欧极有特色，市政亦极严整有新意（新造之市，建筑上最有意思者为南美诸国，可惜力量不能供此游，次则北欧特可观），必须一往。由是入德国，除几个古都市外，莱茵河畔著名堡垒最好能参观一二。回头折入瑞士，看些天然之美。再入意大利，多耽搁些日子，把文艺复兴时代的美，彻底研究了解。最后便回到法国，在马赛上船（到西班牙也好，刘子楷在那里当公使，招待极方便，中世及近世初期的欧洲文化实以西班牙为中心）。中间最好能腾出点时间和金钱到土耳其一行，看看回教的建筑和美术，附带（替我）着看土耳其革命后政治（关于这一点，最好能调查得一两部极简明的书英文的回来讲给我听听）。

牵手旅行，建筑考察的起点

人生是一场大旅行。而我们通常所说的"旅行"则是远方的糖。那远方的糖果，牵手共品尝与独自去品尝是很不一样的。在《围城》中，钱锺书借赵辛楣之口道出牵手旅行的重要意义之一："结婚以后的蜜月旅行是次序颠倒的，应该先同旅行一个月，一个月舟车仆仆以后，双方还没有彼此看破，彼此厌恶，还没有吵嘴翻脸，还要维持原来的婚约，这种夫妇保证不会离婚。"

在踏上美国大陆开始留学生活之前，林徽因与梁思成已经在海上一起度过了长达一个月的轮船旅程。因此，钱锺书所说的牵手旅行的意义在于婚前互相考察，这对于他们两个来说，早已经历过了。故而他们的蜜月旅行是真正的蜜月旅行，情侣间该有的浪漫全都有了。此外，在他们的蜜月之旅中，欧洲建筑的考察是他们的重要行程——此间，凝固音乐二重奏继续传来和谐优美的韵律。

牵手旅行的意义，不仅在于凡尘烟火生活开始之前的浪漫开端，也不仅在于一起在异国他乡一程又一程地欣赏路上的美景，更不仅仅在于考察对方在面对突发事件的应急处理能力。对于林徽因与梁思成来说，牵手旅行的意义，更在于一起增长见识共同成长，一起开始两人一生共同热爱的建筑事业。

这次归国途中的蜜月之行，他们途经的很多地方，对于林徽因来说，都是故地重游，充满了少女时代的游学回忆，熟悉而又陌生，在亲切的感觉中又有不少新的收获。而对于梁思成来说，一切都是全新的认识、新奇的世界。尽管他们两个人的感受或许有些差别，但是他们对于建筑的考察热情是相同的高涨。

在英国伦敦，他们一起考察了圣保罗大教堂、布莱顿皇家别墅、英国议会大厦、海德公园的水晶宫等重要建筑。其中，由铁架结构与整体玻璃面材建成的水晶宫最令他们欣喜。在林徽因的日记中，我们依然可以体会到她当时的深切感受："从这座建筑，我看到了引发起新的、时代的审美观念最初的心理原因，这个时代里存在着一种新的精神。新的建筑，必须具有共生的美学基础。水晶宫是一个大变革时代的标志。"

一起牵手的旅行，跨文化差异的不适仿佛不复存在，只剩下两个人共同的欣喜。来到德国，林徽因与梁思成参观了爱因斯坦天文台、包豪斯学院新近落成的校舍，以及巴洛克和洛可可风格的许多著名建筑：德累斯顿萃莹阁宫、柏林宫廷剧院、乌尔姆主教堂、希腊雅典风格的慕尼黑城门、哥特式教堂科隆主教堂。那些以前在欧洲建筑史相关书籍上见到过的经典建筑，一一呈现在他们面前。他们建筑方面理论的知识体系，在考察实物的过程当中得到了深化。

来到欧洲南部的意大利，古罗马的建筑遗迹令他们沉醉其中。庞贝，这座在公元前一世纪曾经辉煌一时的古城，而今只剩下废墟。在废墟中，时间仿佛倒流了，

1927 年，宾夕法尼亚大学，林徽因毕业照

1928 年 3 月，林徽因

他们的爱——对对方的爱，对建筑的爱——刹那间回到了西元前，爱在西元前。离开庞贝古城，古罗马斗兽场则给他们带来一种悲壮的震撼。位于意大利北部的米兰大教堂，他们对其中的玫瑰形花窗尤为印象深刻。人类的感情总是相通的。来到水城威尼斯，异国水乡的旖旎风光，令他们脑海中的中国古典诗词即刻被唤醒了。"春水碧于天，画船听雨眠"，"小桥流水人家"，那些诗句是文字流动的韵律，与一座座美丽的建筑——凝固的音乐——产生了共鸣。

在浪漫的法国巴黎，游过了枫丹白露宫、卢浮宫、凡尔赛宫，建筑之美令他们沉醉自不必说，文化与艺术的熏陶尤为强烈。梦一样的巴黎，仿佛处处散发着甜味——远方的糖之诱人味道——令人流连忘返。然而，当林徽因与梁思成在法国领事馆接到父亲梁启超催促他们归国就业的电报之后，他们一致决定舍弃清单上待访问的地点，由水路改行旱道，从巴黎搭火车途经波恩、柏林、华沙、莫斯科，穿越西伯利亚，取道伊尔库什克回国。他们清单上放弃的项目有：巴黎圣母院、万神庙、雄狮凯旋门，以及西班牙、土耳其等国家。

穿越欧亚大陆的归途中，在火车上，林徽因和梁思成与一对美国夫妇相谈甚欢。多年以后，这对美国夫妇，查理斯与蒙德里卡，依然清晰地记得这对中国璧人的与众不同。在费慰梅的书《梁思成与林徽因——一对探索中国建筑史的伴侣》中，我们可以看到那对美国夫妇对林徽因与梁思成的回忆：

......在这些粗鲁的、发臭的旅客群中，这一对迷人的年轻夫妇显得特别醒目，就像粪堆上飞着一对花蝴蝶一样。除了那自然的沉默寡言以外，在我们看来，他们好像反映着一种不可抗拒的光辉和热情。

......菲莉斯（注：林徽因的英文名）是感情充沛、坚强有力、惹人注目和爱开玩笑的。思成则是斯文、富有幽默感和愉快的，对于古代建筑、桥梁、城墙、商店和民居的任其损坏或被破坏深恶痛绝。他们两人合在一起形成完美的组合……一种气质和技巧的平衡—— 一种罕有的产生奇迹的配合。

在那军阀土匪当道的混乱年代，在我们看来，即使以他们的才能和优越的社会地位，似乎他们也将在中国社会的大旋涡中消失得无影无踪……

在外漂泊多年的游子回到了家中，新的生活又要开始了……

润物细无声

"温柔要有，但不是妥协，我们要在安静中，不慌不忙地坚强。"这是林徽因的一句名言。人如其言，林徽因温婉可亲，而又不失自己独立的意志与思想。

24年前，林徽因的出生，给林家每个家庭成员带来美好的消息，让他们喜上心田，像一阵轻灵的细雨，洒落人间，润物细无声。24年后，她完成学业，成了大学里的一名教授，将知识传授给求知若渴的莘莘学子，她在教书过程中的温柔与坚强，也像春风化雨，润物细无声，滋润了学子们的心田。

创业艰难，有爱就有家

1928年6月，尚未归国的林徽因、梁思成就已受聘于东北大学建筑系，分别担任教授、系主任。梁思成在当年金秋9月入职并开始教务与授课工作，而林徽因稍后一些，因为她要在正式给学生授课之前，回原籍福建福州探亲并将母亲接到沈阳同住。当她回到福州，父亲林长民当年创办的私立福建法政学堂的教员们热烈地欢迎与招待她，令她愈发地想念已经离世的父亲。她说：

"我的幸福始终充满着缺陷。"在福建期间，乌石山第一中学与仓前山英华中学都邀请林徽因去做讲座，两场讲座的主题分别是"建筑与文学""园林建筑艺术"。

东北大学的前身为国立沈阳高等师范学校和公立文科专科学校。1922年，奉天省长王永江倡议筹建东北大学，并且自任校长。校园参照德国柏林大学的图纸建成，位于北陵，占地500余亩。到1923年春，东北大学正式成立，暑期招收

1930年，梁思成与林徽因在国内补拍的结婚照

第一届预科学生，分为文、法、理、工4科，两年毕业，可直接升大学本科。1925年暑期，招收第一届本科学生，仍分4科9系，学制4年，毕业后授予学士学位。1926年5月，又增设东大附属高中，分为文、理两种，毕业后经考试升入大学本科。另外还有东大夜校专修科，政法、数理专修科，招收在职公教人员。

1928年秋天，张学良出任东北大学校长。张少帅到任后，即刻开始东大的改革与扩充，把原有的文、法、理、工4个学科，改为文学院、法学院、理学院、工学院4个学院。工学院开设建筑系，并招兵买马，海纳英才。当时刚刚成立的东大建筑系，是中国高校中仅有的两个建筑系之一。张学良既出力又出钱，投入

300万元，为东大校园增建了汉卿南楼和汉卿北楼。

东大建筑系草创初期，只有林徽因与梁思成两名教师。东大校风严谨，规定上课时教授要点名，旷课被严格限制，理工科基本上都用英美高校参考书，讲课、做题、做实验、写实习报告皆使用英文。建筑系全然采用英美教学法，40多名学生，上课时大家集中在一间大教室，坐席没有年级的区分。

在林徽因从福建回到东北大学之前，梁思成一个人要全权负责建筑系所有的教务与所有课程的教学工作，此外还要独自照顾自己的生活起居，他几乎有点儿焦头烂额了。忙不过来的梁思成赶紧"飞鸽传书"，发信向亲爱的妻子求救，闻讯后林徽因立刻马不停蹄地从南方奔赴北国，为梁思成"分忧解难"。

梁启超、梁思庄与林徽因游北京长城

林徽因回到梁思成身边，不仅分担了他教学工作的负担，而且给了他一个让心灵安静祥和的完整的家的感觉。此前，梁思成在教务工作之外，要担任建筑系所有课程的教学工作，林徽因来了，他的负担就减轻了。还是凝固音乐二重奏，两人"苦心经营"建筑系，梁思成担任建筑学概论、建筑设计原理等课程的教授，而林徽因担任的是专业英语、美术装饰史等课程的教授。在林徽因从福建回来之前，梁思成这个已婚人士在东北大学的寓所简直就是一个单身宿舍，一点家的感觉都没有。才女林徽因，不仅

1928年，私立福建法政专科学校门前，林徽因与叔父、兄弟姐妹等合影

诗文写得漂亮、建筑学学有所成，而且做兼职家庭主妇也是非常认真与用心。东大的梁林寓所，由于林徽因用心操持家务，在她到来后不久就从单身宿舍转变为温馨的家：台灯新换了浅黄色纱罩，墙上悬挂梁启超的墨宝，从家中带来的古瓷被恰当地摆到书架上的特定位置，茶几上的盆栽为室内带来了宜人的绿意。北国的冬天来得太早，才10月的天，窗上就已有冰花了。林徽因生好炉子，并通上烟囱，夜里备课便不再受寒。而爱人在身边的陪伴，那种温暖的感觉更是发自内心的。

始执教鞭的林徽因与梁思成全然没有实习阶段，作为东大建

筑系的"开山鼻祖"，他们必须付出加倍的努力。作为当时中国的一门新兴学科，建筑学尚无合适的本土教材，虽然东大的理工科基本上都使用英美的参考书，但林徽因和梁思成希望教给学生参考书之外与建筑学相关的更多东西，尤其是文化、美学、历史、美术史等相关学科的内容。为此，他们在课前投入极大的热情和精力进行备课。

知行合一，深受学生爱戴的先生

充分的备课工作，让他们的课不仅生动有趣，而且极富启发性，建筑学的知识一点点地在学生脑海里生根发芽。林徽因的课，不仅给学生传授系统的理论知识，更是给学生直观的实践真知。清昭陵与沈阳故宫的古建筑群，不时迎来东北大学建筑系的学生，那是他们的林先生将他们带到现场，对着实物讲授美是如何在建筑中被表现出来的。先生，作为尊称的一种，用于称呼有一定地位与身份的人，一般用于男性，但有学

1929 年，沈阳清昭陵，梁、林夫妇测绘

问的女性，也会被尊称为"先生"。林徽因被尊称为"林先生"是当之无愧的。她那深厚的知识底蕴、犀利的谈吐、直爽幽默的性格，让学生们怎能不喜欢。

多年以后，林徽因的学生们依然清晰地记得林先生给他们上的第一节课。那一节课是在沈阳故宫的大清门前上的。林先生先让学生们用直观的眼光欣赏这座宫殿的外部，接着开始提问，请同学们讲解这座宫殿的美学构建最能体现在何处。

1929 年，沈阳，梁、林夫妇与女儿、林母

学生们的答案五花八门，无非是崇政殿、大政殿、迪光殿、大清门之类的。林先生点点头，示意大家安静，脸上露出酒窝，带着她迷人的微笑开始启发学生："你们注意到八旗亭了吗？它没有特殊的装潢，也没有精细的雕刻，跟这金碧辉煌的大殿比起来，它还是简陋了些，而又分列两边，就不那么惹人注意了，可是它的美在于整体建筑的和谐、层次的变化、主次的分明。中国宫廷建筑的对称，是统治政体的反映，是权力的象征。这些亭子单独看起来，与整个建筑毫不协调，可是你们从总体

1929 年，东北大学，林徽因

看，这飞檐斗拱的抱厦，与大殿则形成了大与小、简与繁的有机整体，如果设计成四面对称的建筑，这独具的匠心也就没有了。"

忙着记笔记的学生们点点头，发出恍然大悟的声音。刚讲了建筑学本专业的核心知识，林先生又给学生们补充相关的历史知识。八旗亭与八旗制度密切相关。公元 1615 年，努尔哈赤建立了完整的八旗制度，这一制度的建立，在后金国的崛起过程中起到了重要作用。传说，在后金国立国初期，只要有军国大事需要商议，努尔哈赤都会在"殿之两侧搭八幄，八旗之诸贝勒、大臣入于八处坐"。

历史故事使学生们听得津津有味，林先生又将话题转回建筑学专业的核心知识上："从大政殿到八旗亭的建筑看，它不仅布局合理，壮观和谐，而且也反映了清初共治国政的联合政体，它是中国宫廷建筑史上独具特色的一大创造。这组古代建筑还告诉我们，美，就是各部分的和谐，不仅表现为建筑形式中各相关要素的和谐，而且还表现为建筑形式和其内容的和谐。最伟大的艺术，是把最简单和最复杂的多样，变成高度的统一。"

林先生的课不仅深入浅出，而且脉络清晰；不仅简明扼要，而且细节丰富。她那循循善诱的认真态度，优雅可亲的仪容举止，无不令学生们既崇拜又喜悦。

当林徽因与梁思成忙完备课和解答学生问题等事宜，他们还会一起去测量清昭陵和沈阳故宫的古建筑群，为绘制图稿采集数据。到了1928年年底，林徽因已经怀有身孕，依然将事业与家庭打理得井井有条。

林徽因和梁思成每天备课经常熬夜到很晚，但有时他们为保安全不得不早早关灯，因为那时的东北时局很混乱——内忧外患——日本侵略者虎视眈眈，各路土匪不时扰民。林徽因对那段生活曾有这样的描述："当时东北时局不太稳定，各派势力在争夺地盘。一到晚上经常有土匪出现——当地人称为胡子。他们多半从北部牧区下来。这种时候我们都不敢开灯，听着他们的马队在屋外奔驰而过，那气氛真是紧张。有时我们隔着窗子往外偷看，月光下的胡子们骑着骏马，披着红色的斗篷，奔驰而过，倒也十分罗曼蒂克。"或许是因为与心爱的人相依相伴，所以所见所闻皆为喜乐，生活中的悲欢痛苦回忆起来都是甜蜜。

林徽因设计的东北大学校徽

1928年12月最冷的时候，林徽因与梁思成收到了梁启超病危的急电，担心不已的他们立刻奔回北平。病床上的梁启超慈爱地看着自己心爱的孩子，却说不出话来。1929年1月19日，梁启超与世长辞，孩子们按照他的遗愿，将他安葬在北平西郊香山卧佛寺东的山上，与5年前辞世的李夫人合葬，其墓碑是林徽因与梁思成合作设计，碑身为高2.8米宽1.7米的大理石，总体风格极为古朴。

1929年3月，学校开学了，林徽因和梁思成又回到了东北大学。这一年，校长张学良设立高额奖金向社会征集东大校徽。林徽因的设计方案一举中标，成为当时东北大学的校徽。她的方案是"白山黑水"，正上方为"东北大学"四个古体字，"东北"与"大学"的中间隔着易经八卦中的艮卦，艮在八卦中是东北的象征，下方是狼与熊对望的白山，白山下为滔滔黑水，中间的"知行合一"寄托了林徽因对学生们的勉励与期望。

第二章

生如夏花

一叶轻舸驶江河：林徽因传

疾病的隐喻

苏珊·桑塔格在《疾病的隐喻》中指出："结核病是一种时间病；它加速了生命，照亮了生命，使生命超凡脱俗。……从隐喻的角度说，肺病是一种灵魂病。"结核病症状较为明显：低烧、咳嗽、多痰、消瘦、苍白、潮红，时而亢奋，时而疲乏，并伴随着戏剧性的咯血。在盘尼西林被发明出来之前，肺结核是一种致命的绝症。然而，这种绝症，却被极度浪漫化，长久以来，被认为是一种诗意而优雅的病。在《红楼梦》中，才貌双全的林黛玉患的就是肺结核，小说中描写黛玉写完诗，对镜一照，自羡压倒桃花。而午后脸色潮红，便是肺结核的典型症状。

翻开有关西方艺术家的史料，我们可以看到，拜伦、济慈、肖邦、卡夫卡等众多知名的艺术家，都曾患有肺结核，故而，该病被认为是艺术家之病，它让人很容易联想到"优雅""细腻""善感"与"才情"。对于这一病症，狄更斯也用了独特的笔墨来描述："就其更大的方面而言……心灵与肉体的这种搏斗如此一步步展开，如此平静，如此庄严，而其结局又是如此确定无疑，以致肉体部分一天天、一点点地耗费、凋零，而精神却因身体负担的变轻而越发变得轻盈、欣悦……"

托马斯·曼在《魔山》中借书中人物之口说："疾病的症状不是别的，而是爱的力量变相的显现；所有的疾病都只不过是变相的爱。"

母爱无悔，甜蜜的负担

1929 年 8 月，林徽因与梁思成的第一个爱情结晶降临人间。那是一个十分讨人喜欢的可爱女孩，小名叫"宝宝"，大名叫"再冰"，意即纪念孩子已故祖父饮冰室老人。

宝宝一天天长得很快，她每天都沐浴在父母爱的目光中。看着孩子每天的成长变化，初为人父母的梁思成与林徽因欣喜不

1929 年，沈阳，产后的林徽因

已。然而他们本来的教学工作就很繁重，林徽因还要兼顾家务，宝宝的降临在给他们带来幸福的同时也带来了更重的负担——甜蜜的负担。这甜蜜的负担让林徽因病倒了——她少年时代曾患过肺病，后来痊愈了，然而生了孩子后不到一年的持续操劳，又让她的肺病复发了。

人间有爱，故而凡尘的种种烦恼都不值一提了。这世间的爱有很多种，然而，其中最无私、最伟大、最高尚、最纯洁的，就是母爱。人的一生，从对母爱的感受中开始，那种在母爱的包围中的安全舒适的感觉无可比拟。母爱发乎天性，从来不求回报。自从与梁思成结婚后，尤其是有了孩子之后，林徽因的一生都在为整个家庭的各项事务尽心尽力地操劳。家，因她的存在而温暖，只要她在家中，一切都是井然有序与宁静祥和的。对于她的孩子来说，家就是他们的天堂。一手执教鞭与笔杆，一手握饭勺与奶瓶，事业与家庭，林徽因都在兢兢业业地用心经营，一生的操劳侵蚀了她的健康。她一生是充实而短暂的，短暂得没有给孩子们回报她的机会。70多年过去了，"宝宝"梁再冰对母亲给予她的温柔母

1932年，林徽因与女儿梁再冰

爱依然铭记在心，并且开始更懂她。

2004 年 6 月 10 日，清华大学举办了"林徽因百年诞辰纪念会"，已步入古稀之年的"宝宝"梁再冰在纪念会上发言，刚一开口就哽咽了。梁再冰说："回顾妈妈一生，我的心情很不平静，想到的事情太多了。以前我很不愿意回想这些事，因为特别值得惋惜。她的一生很短，只有 51 年的时间，中间又经过了抗战中最艰苦的一段生活。这次因为要纪念她的百年诞辰，我翻阅了很多过去的信件、材料，对母亲又有了新的认识！"

山间考察，发现"建筑意"

1930 年秋季，徐志摩北上沈阳看望林徽因，她依然卧病在床，情况愈发严重。徐志摩的意见与医生的一样，东北气候过于严寒，不适合肺病的疗养与康复，他们劝她回北平好好休养治疗。梁思成亲自把林徽因与宝宝送回北平，恰好徽因的母亲也赶到北平，母女团聚，互相有了照应，思成才暂时放下心又回到东北大学。分隔两地，思念会疯狂生长，尤其是思成，妻子女儿都不在身边，而徽因的病情尤为让他担心。当时的东北，时局尤为动荡。此外，校长张学良的军阀作风，让梁思成气愤而又无可奈何。最后，1931 年 9 月，梁思成完成上一学年的教学工作之后，放下对自己亲手创立的建筑系的不舍，向校方递交辞呈，向同事及学生们依依惜别，回到北平，回到自己日思夜想的妻子和女儿

1935 年，香山，林徽因

身边。此后，他们一家人搬到北平北总布胡同三号院，并在那里居住了很长时间，他们的邻居是清华大学哲学系教授金岳霖，圈中朋友们亲切地唤他为"老金"。

1931 年春季，梁思成把林徽因送到京西郊外的香山上养病，宝宝与外婆也一起上山。他们住在双清别墅附近的一排平房。许多文章误传他们住在别墅里，陈学勇在《莲灯诗梦林徽因》中已驳斥了这一谬误。另外，林徽因 1932 年 6 月 14 日在给胡适的信中关于双清别墅被别人暂借的叙述，亦可说明她住的不是双清别墅。

梁思成在把家安到北总布胡同之前，就已加入中国营造学社，在社里担任法式部主任，林徽因也任该社的校理。该社是专门研究中国古代建筑的民间学术机构。学社工作不忙的时候，梁思成就出城上山去陪林徽因和宝宝。每次上山，他都要给徽因带些书，其中多为典籍史料。他们要从典籍中梳理出历史长河中中国各个朝代宫廷建筑的变迁史。

山间的阳光和空气让林徽因的病情有所缓解，身体也渐渐好起来。而西山周边一带的古建遗迹，尤其让林徽因与梁思成欣喜，在山中养病的同时，又可以实地考察古建筑，真是一举多得。

一个无风无雨的日子里，林徽因与梁思成一起考察了西山的卧佛寺。卧佛寺在位于香山旁边的北京植物园中，游客们参观卧佛寺，一般来说最感兴趣的或许就是其中

1932 年，香山，林徽因

的大卧佛以及唐朝留存下来的古梅花。而这对热爱建筑学的年轻爱侣，最关注的是整个寺庙的建筑布局。面对古建筑实物，他们在脑海中调出之前研究过的敦煌壁画画册等史料，一经对比，确认卧佛寺的寺庙建筑布局正是典型的唐代布局。

另一日，梁思成又驱车带着林徽因前往杏子口，考察那里的金代遗留下来的石佛龛。经过七百多年时光冲刷的古佛龛，不禁让人有种时空穿越的感觉。七百多年过去了，多少朝代更替，多少世事变迁，这荒野之中的石头古建筑，让人怎能不用心聆听其中凝固的音乐，感受石头史诗之宏伟？

林徽因以散文的笔调写了建筑学论文《平郊建筑杂录》，她的文风自然，并且充满灵性，一扫通常学者论文呆板生硬的学术

腔，她的建筑学论文，受到了梁思成以及后世不少建筑学家的赞赏。梁思成曾说过，俗话说"老婆是别人的好，文章是自己的好"，而他自己的情况则正好相反——"老婆是自己的好，文章是老婆的好"。在这篇论文中，林徽因直抒自己的感受，并将建筑带给人的美感，称为"建筑意"：

　　这些美的所在，在建筑审美者的眼里，都能引起特异的感觉，在"诗意"和"画意"之外，还使他感到一种"建筑意"的愉快。这也许是个狂妄的说法——但是，什么叫作"建筑意"？我们很可以找出一个比较近理的定义或解释来。

　　顽石会不会点头，我们不敢有所争辩，那问题怕要牵涉到物理学家，但经过大匠之手泽，年代之磋磨，有一些石头的确会蕴含生气的。天然的材料经人的聪明建造，再受时间的洗礼，成美术与历史地理之和，使它不能不引起赏鉴者一种特殊的性灵的融会，神志的感触，这话或者可以算是说得通。

　　无论哪一个巍峨的古城楼，或一角倾颓的殿基的灵魂里，无形中都在诉说，乃至于歌唱，时间上漫不可信的变迁；由温雅的儿女佳话，到流血成渠的杀戮。他们所给的"意"的确是"诗"与"画"的。但是建筑师要郑重郑重地声明，那里面还有超出这"诗""画"以外的"意"

的存在。眼睛在接触人的智力和生活所产生的一个结构，在光影恰恰可人中，和谐的轮廓，披着风露所赐予的层层生动的色彩；潜意识里更有"眼看他起高楼，眼看他楼塌了"凭吊与兴衰的感慨；偶然更发现一片，只要一片，极精致的雕纹，一位不知名匠师的手笔，请问那时锐感，即使不叫他作"建筑意"，我们也得要临时给他制造个同样狂妄的名词，是不？

文思泉涌，诗歌的丰收

对身体健康有利的环境，再加上考察古建筑时适量的体力活动，令林徽因的身心状况得到了很大的改善。她的脸颊比起以前稍微圆润了一些，在山间阳光的照射下，皮肤也现出健康的小麦色。圈中的好友老金、沈从文、徐志摩等人也不时在周末的时候结伴出城上山看望她，和她聊诗文、历史、哲学等内容。

林徽因到西山疗养之前，就已应徐志摩的约稿，为其创办的《诗刊》提供诗稿三首：《那一晚》《谁爱这不息的变幻》《仍然》。这三首诗刊登在《诗刊》1931年的第二期。看着自己用心创作的文字变为出版的铅字，这是热爱写作者收获的成就感之一。这成就感会带来欣喜与幸福之感，也让林徽因的病情好转不少。

另外，写作对于林徽因来说，更重要的意义在于与读者的灵魂交流。正所谓知音难寻，通过写作，她找到了能够理解自己的倾诉对象，自己的思想得到了表达与接受，这对病情的好转是极有帮助的。林徽因在给好友费慰梅的信中这样写道：

> 对于我来说，"读者"并不是"公众"，而是一些比我周围的亲戚朋友更能理解和同情我的个人，他们急于要听我所要说的，并因我之所说的而变得更为悲伤或更快乐。

山居生活，尤其是春天美丽的自然景色，更令林徽因诗歌创作的灵感如山泉奔涌，让她顾不上医生的叮嘱，沉浸于诗歌创作中。大自然的美景被她描画在诗歌中，而她富有灵气的想象力与深刻的思考，又让诗歌中的大自然得到了升华。如她的《一首桃花》：

> 桃花，
> 那一树的嫣红，
> 像是春说的一句话；
> 朵朵露凝的娇艳，
> 是一些
> 玲珑的字眼，
> 一瓣瓣的光致，
> 又是些

柔的匀的吐息；

含着笑，

在有意无意间，

生姿的顾盼。

看，——

那一颤动在微风里，

她又留下，淡淡的，

在三月的薄唇边，

一瞥，

一瞥多情的痕迹！

　　林徽因在西山养病的大约一年时间，是她诗歌创作成果最为
丰硕的一年。除了以上提到的诗作，在山中静养期间，林徽因还
创作了《激昂》《莲灯》《情愿》《中夜钟声》《山中一个夏夜》等
美丽的诗篇。由此观之，山中休养的生活节奏是极适合创作的。
然而，从根本上来说，山居的条件只不过是一个外因而已，究其
内因，在于林徽因纯粹美丽的天性。天性自然，如清水出芙蓉，
外化为对生活与生命的热爱，擦亮了发现美的眼睛，展开了想象
与诗情的翅膀，飞过缪斯的花园，留下美丽的诗篇。

　　西山疗养期间，除了诗歌创作，林徽因还创作了她的第一篇
家庭生活小说——短篇小说《窘》。

　　从那一首首动人的诗歌中，我们可以看到，林徽因无论在思想

北总布胡同三号院，林徽因家的书房
一角

上，还是在文字上，她对美有独特领悟与提炼。此外，林徽因在创作的时候，还追求仪式的美感。她的堂弟林宣回忆，林徽因在山居生活期间，每次创作之前，"要点上一炷清香，摆一瓶插花，穿一袭白绸睡袍，面对庭中的一池荷叶，在清风飘飘中，吟哦酿制佳作。"这样的仪式，不仅具有一种无以言说的美，更体现出林徽因对文学创作的态度——郑重、严肃地追求表里如一的美！

对于仪式的美感，她是自知自觉的，并引以为傲。她曾对夫君梁思成笑言："我要是个男的，看一眼就会晕倒！"

思维风暴的中心

快意的时光，像轻烟，又似旋风，犹如快进的电影，却又仿佛凝固不动、只闻其香的咖啡，缓缓流过耳边的是一首舒缓的老歌。

林徽因的时光，在北总布胡同的客厅里，既是快，快得令人抓不到那惊艳的尾巴；又是慢，慢得如斯静美。

惜乎！曾经的北总布胡同三号，故园已逝！林徽因与梁思成，他们曾经极力反对拆除北京城墙，如今他们的故居也难逃拆迁的厄运。实物实景已不存，我们只有通过文字来追想当年的北总布胡同三号。记忆或许有偏差，但是大体不会差太多。梁再冰的文章写出了这座庭院在她记忆中的样子：这是一个两进四合院，大大小小一共40来间屋子。这所房子

20世纪30年代的林徽因

林徽因与儿女

有两个虽然不大却很可爱的院子，正中有一个"垂花门"。夏末秋初，园中蝉鸣不断，许多红色的马缨花落在石板地上。院子中还有一个小小的花坛，种着鸡冠花和喇叭花。

时间在那一瞬间静止了——作家萧乾的青涩时光

"噗通、噗通"，他只听到自己紧张的心跳声，刚刚敲了北总布胡同三号院的院门，里面很快传出了主人来开门的脚步声，然而这段不长的时间，他却感觉时间在那一瞬间静止了，再没有这么漫长的时间了。他就是著名作家萧乾。当时的萧乾，才20出头，已经开始发表自己的文学作品。他在第一次拜访林徽因的时候，正是他的青涩时光。那次会面的半个多世纪后，萧乾依然清晰地回忆起他那"窘促而又激动的心境和拘谨的神态"。

20世纪30年代，北总布胡同，林徽因

那一年是1933年，时值北平最美的季节——秋天，萧乾还在读大学三年级，他的小说《蚕》在《大公报·文艺副刊》上发表了。当时新任主编的沈从文给他写了一封信，那不是一封普通的信，那是一封让他惊喜万分的信。萧乾在半个多世纪后回忆说："我接到沈先生的信，说是'一位绝顶聪明的小姐看上了你那篇《蚕》，要请你去她家吃茶'。那几天我喜得坐立不安，老早就把我那件蓝布大褂洗得干干净净，把一双旧皮鞋擦了又擦。"

登门拜访之前，沈从文将林徽因的邀请信交给萧乾过目，通过行文与笔迹，他才知道这位传说中的才女是如此的俏皮可爱与热情：

沈二哥：

初二回来便乱成一堆，莫名其所以然。文章写不好，发脾气时还要呕出韵文！十一月的日子我最消化不了，听听风，知道枫叶又凋零得不堪，只想哭。昨天哭出的几行，勉强叫它作诗，日后呈正。

萧乾先生文章甚有味儿，我喜欢。能见到当感到畅快，你说是否礼拜五，如果是，下午五时在家里候教，如嫌晚，星期六早上，也一样可以的。

关于云冈现状，是我正在写的一个短篇，那一天，再赶个落花流水时当送上。思成尚在平汉线边沿吃尘沙，星期六晚上可以到家。此问

俪安

二嫂统此

徽音拜上

满怀期待的萧乾，当年在某个休息日，第一次由沈从文领着来到北总布胡同。对于林徽因，萧乾早已听闻她的才名。然而事先知道她尚在病中，他在脑海中构想了自以为的美人病容。"在去之前，原听说这位小姐的肺病已经相当严重了，我以为她一定是穿了睡衣，半躺在床上接见我们呢，可那天她穿的却是一套骑马装，话讲得又多又快又兴奋。"

一身英姿飒爽的骑马装，远胜于头脑中的睡衣形象，林徽因

给萧乾留下的第一印象是如此深刻。这不禁让人想起了类似的情景，在俄国文豪托尔斯泰的长篇小说《安娜·卡列尼娜》中，天真烂漫的少女娜塔莎久仰安娜·卡列尼娜的美貌，在娜塔莎家的舞会上，她将第一次见到安娜。在娜塔莎的想象中，她觉得安娜来参加舞会一定会穿着雍容的紫色晚礼服，没想到舞会的时候，安娜却以一身黑色晚礼服出场，比她预想中的紫色晚礼服更为惊艳。

萧乾见到林徽因，惊艳是第一印象，而林徽因的才学与谈吐才是最令他叹服的。从此以后，萧乾就经常出入北总布胡同三号院的文化沙龙，加入思维风暴的中心。

高手如林，"论坛"旋风起
——北京知识界精英的快意时光

高朋满座，谈笑有鸿儒，往来无白丁。请看"鸿儒"的名单：文化领袖胡适、作家沈从文、作家萧乾、诗人徐志摩、哲学家金岳霖、美学家朱光潜、艺术理论家邓以蛰、经济学教授陈岱孙、政治学家张奚若、政治学教授钱瑞升、社会学家陶孟和、考古学教授李济、艺术家常书鸿、物理学家周培源、美国学者费正清与费慰梅……

这一大帮好朋友，他们在每个周六来到北总布胡同的沙龙，一起谈论诗歌、时事、古籍、建筑、科学、文学、艺术……他们志趣

20 世纪 30 年代，北平，林徽因

相投，文化水平相当，在轻松愉快的氛围中一起交谈，一起争辩。那里有言语话锋的刀光剑影，有思想交流的火花碰撞，更有思维对战的急速旋风。从严肃认真的古籍讨论，到考据与八卦并存的"八大胡同"话题，无论切换到哪种模式，那样的时光总是快意人心的。此外，不得不提的是，北总布胡同的沙龙，除了让每个参与的人饱尝精神盛宴之外，还让每个朋友品尝了实实在在的物质美食。研究哲学的湖南才子金岳霖，就住在梁思成与林徽因住所的后院，他有一个手艺非常不错的厨师，经常烹制各色美食招待参加沙龙的朋友们，心满意足的朋友们将金岳霖的住处戏称为"湖南饭店"。

林徽因作为沙龙的女主人，是思维风暴中心中的中心。她的好友费慰梅在《梁思成与林徽因》中这样写道：

> 每个老朋友都会记得，徽因是怎样滔滔不绝地垄断了整个谈话。她的健谈是人所共知的，然而使人叹服的是

她也同样擅长写作。她的谈话和她的著作一样充满了创造性。话题从诙谐的轶事到敏锐的分析，从明智的忠告到突发的愤怒，从发狂的热情到深刻的蔑视，几乎无所不包。她总是聚会的中心和领袖人物，当她侃侃而谈的时候，爱慕者总是为她那天马行空般的灵感中所迸发出来的精辟警语而倾倒。

诗人卞之琳在《窗子内外：忆林徽因》中回忆沙龙上的林徽因说："虽然她作为女主人，热情、直率、谈吐爽快、脱俗（有时锋利），总有叫人不感到隔阂的大方风度。"并且说："她年龄比我只大六岁，因为师辈关系，一直被我尊为敬佩的长者，但也是我感到亲切的知己。"

除了学术、艺术的讨论，以及美食的品尝，北总布胡同三号院还时不时发生一些神奇的事情。最令费慰梅印象深刻的是这样一件事情：林徽因家的邻居，有一天，满怀期待地来请她帮忙向自己的房东调解房子修缮的问题。原来那位邻居，因为过度贫困，无法承担修缮屋顶的费用，而房子的屋

20世纪30年代，北平，林徽因

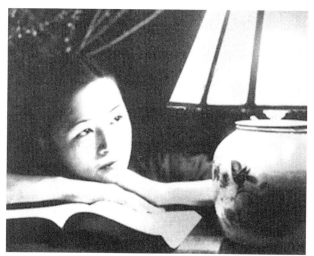

1934 年，北总布胡同家中，林徽因在灯下沉思

1936 年，北总布胡同家中，林徽因

顶已然裂开了一个大洞，严重影响到正常起居了，那位邻居希望房东能够解决房屋修缮的费用问题。热心的林徽因一听到这样的恳求，立刻放下其他事情，去找那位房东商量。没想到的是，房东无奈地告诉她，那位邻居所租住的三间房屋，每月的租金依然遵照祖先200年前乾隆年间的约定，只有50个铜板，房屋的修缮费远比房租要高很多。最后，富有爱心的林徽因就自己掏钱为他们提供了房屋修缮费。文化沙龙的朋友们听说了这一故事，笑着对林徽因说："你向我们证明了过去的北京仍赫然存在，徽因真有你的！"

不要问我快与慢，答案在风中飘扬
——金岳霖的可爱时光

与梁思成林徽因家比邻而居的金岳霖，是他们的常客，也是北总布胡同三号院沙龙最忠实的参与者。金岳霖作为一名哲学家，是最早把现代逻辑系统地介绍到中国来的逻辑学家之一，他的著作有《逻辑》《论道》和《知识论》。其中《论道》被贺麟称为"一本最有独创性的玄学著作"。作为朋友，他矜持的同时又能说会道，朋友们都亲切地称他为"老金"。老金不仅能说，还喜欢体育运动——网球是他的最爱。此外，他还爱用朋友的姓名取对联。例如，他给同事兼好友的吴景超和龚业雅夫妇写了一副对联："以雅为业，龚业雅非诚雅者；维超是景，吴景超岂真超

1936 年夏，北平，林徽因在家中

哉。"而"性如竹影疏中日，仁是兰香静处风"这副对联是老金写给陶孟和的夫人沈性仁的。作为梁思成与林徽因最好的朋友之一，老金的对联自然不会"放过"他们这对夫妻。由于梁思成在考察建筑的时候经常需要攀上屋梁，而林徽因又天姿秀丽，老金给这对伉俪写的对联是："梁上君子，林下美人。"梁思成听了很开心，应和道："我就是要做'梁上君子'，否则我怎么能打开新的研究路径，不还得纸上谈兵吗？"向来很有主见的林徽因，则嗔怪老金："真讨厌，什么美人不美人的，好像一个女人就没有什么事可做，好像只配做摆设似的！"

老金学术成果累累，爱好作对联，不得不说他是一位聪明人，然而，老金的可爱之处就在于他的一些奇葩事迹，让人忍俊不禁。老金最奇葩最出名的爱好就是养鸡。他第一次养的鸡是一对黑狼山鸡，从北京庙会上买来的。老金对这两个宝贝溺爱过甚，给它们喂食鱼肝油，导致它们意外夭亡。后来，一只云南斗鸡又成了老金的新宠。到底老金对这只云南斗鸡有多么宠爱呢？——每次吃饭，老金的爱鸡都与他平起平坐，一起用餐，老金习以为常。时不时地，老金还带着他的云南斗鸡一起出去散步，引得路人纷纷驻足围观，老金与他的爱鸡却非常淡定，简直就是旁若无人。又有一次，老金因为他养的母鸡反常地三天不下蛋，他急电赵元任的夫人杨步伟（东京帝国大学医科博士），让她赶紧过来帮他解决难题。杨步伟本以为是什么紧急大事，没想到赶过去是这么一件事，既无奈又好笑，询问以及查看之后，确认那只母鸡是由于老金喂食鱼肝油而营养过剩，鸡蛋卡在里面出不来，她伸手一掏，问题就解决了。"你真聪明！"老金感激不已。他非常高兴，还特地宴请杨步伟一家一起吃北京烤鸭。

金岳霖

约 1935 年，北平，林徽因

此外，金岳霖的糗事，他的车夫最清楚。每个周六，北京知识界的精英齐聚一堂，在林徽因的沙龙上侃侃而谈的时候，他们的车夫也聚在一起闲聊八卦。这时候，"二货"金岳霖的糗事就被他的车夫爆料了。金岳霖的车夫名叫王喜。王喜和他的小伙伴们正谈天说地非常开心，小伙伴们才一问他家老爷的趣闻，他立马就一五一十全交代了："那一回我们老爷打电话，找东局56号的陶先生（陶孟和），那边传电话的一定要我们老爷报自家个的姓名，可老爷愣是想不起来。他扭脸儿问我，甫说，我还真不知道我们老爷的全名儿。老爷又问，你就没有听别人说起过？我想想，回答说，只听说人家叫您金博士。一个金字提醒了老爷。这么着，电话才算打通了。"小伙伴们听了纷纷开怀大笑。王喜又严肃地补充说："我们老爷可是有大学问的人，会说好几国的话，看的书都是洋字码儿。"

快慢交织，时间凌乱了——"太太客厅"的是与非

林徽因的文化沙龙在当时的北京文化圈美名远扬，深具影响力。然而，在收获赞美的同时，她也受到了讽刺与诋毁。且不说钱锺书写了《猫》来讽刺，就连曾经的好友冰心也写了《我们太太的客厅》调侃。

冰心在她的小说《我们太太的客厅》中，开篇这样写道：

> 时间是一个最理想的北平的春天下午，温煦而光明。地点是我们太太的客厅。所谓太太的客厅，当然指着我们的先生也有他的客厅，不过客人们少在那里聚会，从略。
>
> 我们的太太自己以为，她的客人们也以为她是当时当地的一个"沙龙"的主人。
>
> 当时当地的艺术家，诗人，以及一切人等，每逢清闲的下午，想喝一杯浓茶，或咖啡，想抽几根好烟，想坐坐温软的沙发，想见见朋友，想有一个明眸皓齿能说会道的人儿，陪着他们谈笑，便不须思索的拿起帽子和手杖，走路或坐车，把自己送到我们太太的客厅里来。在这里，各人都能够得到他们所想望的一切。

小说开篇的两段描写得还比较客观，然而，"自己以为"这

留美期间，林徽因与冰心（前一）一起野餐

四个字就明显带有一股酸酸的醋意了。接下来的描写中，冰心就极尽讽刺之能事，将太太、诗人、画家、哲学家、科学家等各个角色都描绘成爱慕虚荣的伪君子。这篇小说发表后，一时成为京津文化界甚至全国文化界的关注焦点。为此，林徽因从山西考察古建筑归来，专程给冰心带了一坛陈年老醋。

　　游戏文字中的调侃，山西特产的回击，既是两位才女间的不露锋芒的"交锋"，又是文人雅士间的戏谑，由此可以感受那个年代文化圈的氛围。

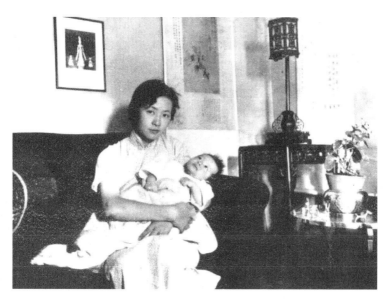

1932年，林徽因怀抱儿子梁从诫

林徽因在北总布胡同的客厅中

1936 年冬，林徽因与儿女

约 1933 年，林徽因与儿女

伤逝吻火者

三年前，在上海的时候，有一天晚上，他拿着一根纸烟向一位朋友点燃的纸烟取火，他说道："Kissing the fire."这句话真可以代表他对于人生的态度。人世的经验好比是一团火，许多人都是敬鬼神而远之，隔江观火，拿出冷酷的心境去估量一切，不敢投身到轰轰烈烈的火焰里去，因此过个暗淡的生活，简直没有一点的光辉，数十年的光阴就在计算怎么样才会不上当里面消逝去了，结果上了个大当。

他却肯亲自吻着这团生龙活虎般的烈火，火光一照，化腐臭为神奇，遍地开满了春花，难怪他天天惊异着，难怪他的眼睛跟希腊雕像的眼睛相似，希腊人的生活就是像他这样吻着人生的火，歌唱出人生的神奇。

——梁遇春《吻火》

雪花的快乐，梅开二度

1924 年，林徽因与梁思成双双赴美留学。落寂的徐志摩，真有点李白诗中所说的"狂风吹我心，西挂咸阳树"那种感觉。然而他并未停止自己在文艺道路上的前进，也未停止自己对爱、自由与美的追求。

早在 1923 年，徐志摩就与胡适发起了"新月社"的筹建事宜，该社由徐申如、黄子美出资赞助，租下北京西单石虎胡同七号作为长期活动场地，同时创办《新月》杂志。除了负责《晨报诗刊》《新月》《诗刊》等刊物的出版之外，徐志摩还与胡适、梁实秋在上海成立了新月书店。不管新月社的社名是否受到泰戈尔诗集《新月集》的启发，徐志摩非常热爱这一命名。这一命名的寓意，他在《〈新月〉的态度》中解释道："'新月'虽则不是一个强有力的象征，但它那纤弱的一弯分明暗示着、怀抱着未来的圆满。"新月社在当时的文艺青年中影响巨大。大约历时十年，新月派最终形成，其对新诗建筑美、音乐美、绘画美的主张，一扫早期新诗创作过于散文化的不足，由此中国新诗进入了自主创造的时期。而其中，徐志摩的贡献不小。

在新月社的"根据地"石虎胡同七号，徐志摩又遇上了一位让他心动的女子——陆小曼。

陆小曼，同样也是一位名门闺秀的才女。她的父亲毕业于日本早稻田大学，是孙中山的得力助手，后担任国民政府赋税司长。她的母亲是巡抚之后，古文功底深厚，多才多艺。陆小曼容貌俏丽，十六七岁就已掌握英、法两国外语，擅长音乐与绘画。

同为才女，陆小曼与林徽因却是完全不同的风格。徐志摩用这样的文字描述他跟陆小曼在一起的感受："我的诗魂的滋养全得靠你，你得抱着我的诗魂像抱亲孩子似的，他冷了你得给他穿，他饿了你得喂他食——有你的爱他就不愁饿不愁冻，有你的爱他就有命！"徐志摩与陆小曼的热恋时期，也是他诗歌创作的丰收期。1925 年，他的第一本诗集《志摩的诗》出版。

书桌前的陆小曼

1926 年，第二本诗集出版。此外还有四本散文集。

才子佳人情投意合，才女诗人惺惺相惜。然而，当时的陆小曼是有夫之妇，已非自由身，真是"恨不相逢未嫁时"。陆小曼以她风风火火的刚烈性格，面对这横在自己爱情当中的世俗的难题，绝不流泪空说恨。1925 年，陆小曼与结婚四年的丈夫王赓离婚，当时她才 23 岁，并且坚决地流掉了腹中王赓的孩子。王赓其实并非庸碌之辈，他 1911 年从清华毕业后保送美国留学，1915 年获得普林斯顿大学文学学士后转入西点军校，1918 年以优异的成绩毕业。他回国后就职于陆军部。1920 年为陆军上校。不得不提的是，徐志摩与王赓原为好朋友，他这个墙角挖得实在有点狠。也由此可见，陆小曼作出离婚的决定是多么的艰难与决绝。徐志摩的好友郁达夫对这段惊世骇俗、举世皆闻的爱情评价道："忠厚柔情如小曼，热烈诚挚若志摩，他们遇

徐志摩与陆小曼、陆小曼的表弟

合在一道，自然要发放火花，烧成一片了。哪里还顾得到纲常伦理？更哪里还顾得到宗法家风？"

那样浓烈的爱，当时的火花是如何的耀眼？当时的烈焰是如何的炙人？后世的人们，只得从他们两个当事人的书信集《爱眉小札》中管窥了。

与陆小曼结婚后，徐志摩把家安在了南方，但为了生计，他频繁奔波于京沪两地，仅1931年上半年，他的"双城记"往返就有8次。奔波令他焦头烂额，他感到理想的诗意生活离他越来越远。

飞翔，吻火，众人的心伤

1931年11月19日那天，天气不好，在南京机场，手持免费机票的徐志摩纠结不已，他给陆小曼发了一封电报："有大雾，头痛不想走了，准备返沪。"然而，这封电报刚发完，他又作出了相反的决定，给林徽因与梁思成发了一封电报："下午三点抵南苑机场，请派车接。"此次徐志摩赶回北京，是想第二天参加北大教员抗日相关活动。另外当晚林徽因在协和小礼堂有一场演讲，主题是为驻北京的外国友人讲中国的宫室建筑艺术，他也不想错过。

下午，梁思成驱车前往南苑机场，等候志摩下飞机。然而，梁思成等得望眼欲穿，终究不见志摩的影子。一直到下午四点半，梁思成仍苦等无果，只好向机场工作人员询问，却得到模棱两可的答复：天气状况不好，飞机有可能尚未起飞。问来问去，始终得不到确切的答复，梁思成只好无奈地离开机场。

当晚，协和小礼堂，林徽因的建筑学术讲演如期进行。她身穿白色毛衣与深咖啡色呢子裙，优雅大方地登上讲台，再次成为人们目光的焦点。她流利的英语很快就将观众带入了演讲的主题："漫长的人类文明历程，多少悲壮的历史情景，梦幻一般远逝，而在自然与社会的时空演变中，建筑文化却顽强地挽住了历史的精神气质和意蕴，它那统一的空间组合、比例尺度、色彩和质感的美的形态，透视出时代、社会、国家和民族的政治、哲学、宗教、伦理、民俗等意识形态的内涵，我们不妨先看北平的宫室建筑。"

林徽因用余光扫了一眼台下的观众，却不见答应要来听讲的志摩，她的心中有种隐隐的不安。演讲会顺利结束了，可是林徽因心神不宁地回想起志摩先前的文章《想飞》："……天上那一点子黑的已经迫近在我的头顶，形成了一架鸟形的机器，忽的机沿一侧，一球光直往下注，砰的一声炸响，——炸碎了我在飞行中的幻想，青天里平添了几堆破碎的浮云。"这仿佛是种不祥的谶语，让她夜不能寐。林徽因多么希望，那些混乱的思绪与担忧，不过是心魔的一时作乱而已，天一亮，一切还都安好如故。

然而，第二天，他们打开《晨报》一看，却是残酷冰冷的现实，真是一语成谶。

京平北上机肇祸，昨在济南坠落机身全焚，
乘客司机均烧死，天雨雾大误触开山

【济南十九日专电】十九日午后二时中国航空公司飞机由京飞平，飞行至济南城南三十里党家庄，因天雨雾大，误触开山山顶，当即坠落山下，本报记者亲往调查，见机身焚毁，仅余空架，乘客一人、司机二人，全被烧死，血肉焦黑，莫可辨认。邮政被焚后，钞票灰仿佛可见，惨状不忍睹……

——1931 年 11 月 20 日《晨报》

诗人徐志摩惨祸

【济南二十日五时四十分本报专电】京平航空驻济办事所主任朱风藻，二十早派机械员白相臣赴党家庄开山，

将遇难飞机师王贯一、机械员梁壁堂、乘客徐志摩三人尸
体洗净，运至党家庄，函省府拨车一辆运济，以便入棺后
运平，至烧毁飞机为济南号，即由党家庄运京，徐为中国
著名文学家，其友人胡适由北平来电托教育厅长何思源代
办善后，但何在京出席四全会未回。

——1931 年 11 月 20 日《晨报》号外

　　悲伤的友人一齐来到胡适家中，等候他奔走打听的最新消
息。他们是：林徽因、梁思成、张奚若、金岳霖、孙大雨、钱瑞
升、张慰慈、饶孟侃等等。大家相顾无言，只希望最新的消息传
来，说报纸上的消息不实……然而，最后的最后，胡适还是告诉
大家，他已经从南京那边确认噩耗属实。

　　11 月 21 日，梁思成、金岳霖、张奚若与沈从文、闻一多、
梁实秋等友人在济南齐鲁大学会合，一起商量如何料理徐志摩的
后事。林徽因本来执意前往，奈何病弱之身又有身孕，被众人留
下了。梁思成带去了他与林徽因连夜做好的小花圈，碧绿的枝叶
与洁白的花朵，寄托了他们的哀思。事情料理完毕后，思成将一
片飞机的残骸带回了北京。后来，林徽因将它与弟弟林恒罹难的
飞机残骸一起挂在卧室中，直至她人生的终结。

　　志摩西去半个月后，1931 年 12 月 7 日，林徽因的《悼志摩》
在《北京晨报》"学园"副刊上发表了。在悼文中，林徽因极大
地赞誉了徐志摩的纯真诚挚的人格，说："他只是比我们近情、

近理，比我们热诚，比我们天真，比我们对万物都更有信仰，对神，对人，对灵，对自然，对艺术！……我们失掉的不止是一个朋友，一个诗人，我们丢掉的是个极难得可爱的人格。"在众多友人的悼文中，林徽因的这一篇分量尤重。

诗人带着他的吻火之梦，飞翔而去了，这回他是真的自由了。然而，乌合之众的流言蜚语仍然生生不息，困扰着他曾爱过的人们。

徐志摩的遗孀陆小曼，遭受最大的打击与非议。舆论纷纷指责陆小曼的挥霍无度是徐志摩悲剧的重要因素。人言可畏，陆小曼在徐志摩葬礼之后静心整理志摩的诗文集，素衣闭门，直至老死。

流言蜚语再凶猛，还好有时间这一客观的明证。光阴飞逝，人们看到了陆小曼繁华过后的纯真。而林徽因这边，凌叔华保管徐志摩"八宝箱"的风波，康桥日记的罗生门，不少不明真相的人仍然认定她与徐志摩有不可告人的丑闻。幸好，不少客观资料的出版，还她一个公正。

据林徽因的好友费慰梅在《林徽因与梁思成》一书中回忆：

多年后听徽因提起徐志摩，我注意到她对徐的回忆总是离不开那些文学大家的名字，如雪莱、济慈、拜伦、曼殊斐儿、伍尔芙。我猜想，徐志摩在对她的一片深情中，可能已不自觉地扮演了一个导师的角色，领她进入英国诗歌和英国戏剧的世界，新美感、新观念、新感觉，同时也迷惑了他自己。我觉得徽因和志摩的关系，非情爱而是浪漫，更多的还是文学关系。

在我的印象里，徽因是被徐志摩的性格、热忱和他对她的狂恋所迷惑。然而，她只有16岁，并不是像有些人想象的那般世故。她不过是父亲身边的一个女学生而已。徐志摩的热烈追求并没有引起这个未经世事的少女的对等反应。他的出现只是她生活里的一个奇遇，不至于让她背弃家里为她已经选好的婚姻。

在给胡适的书信中，林徽因客观分析了她被诗人爱慕这件事，明确表明了自己对徐志摩的态度：

实说，我也不会以诗人的美谊为荣，也不会以被人恋爱为辱。我永是"我"，被诗人恭维了也不会增美增能，有过一段不幸的曲折的旧历史也没有什么可羞惭（我只是要读读那日记，给我是种满足，好奇心满足，回味这古怪的世事，纪念老朋友而已）。

我觉得这桩事人事方面看来真不幸，精神方面看来这桩事或为造成志摩为诗人的原因，而也给我不少人格上知识上磨炼修养的帮助，志摩 in a way（从某方面）不悔他有这一段痛苦历史，我觉得我的一生至少没有太堕入凡俗的满足，也不算一桩坏事。志摩警醒了我，他变成一种 stimulant（激励）在我生命中，或恨，或怒，或 happy（幸运），或 sorry（遗憾），或难过，或苦痛，我也不悔的，我也不 proud（得意）我自己的倔强，我也不惭愧。

我的教育是旧的，我变不出什么新的人来，我只要"对得起"人——爹娘、丈夫（一个爱我的人，待我极好的人）、儿子、家族等等，后来更要对得起另一个爱我的人，我自己有时的心，我的性情便弄得十分为难。前几年不管对得起他不，倒容易——现在结果，也许我谁都没有对得起，您看多冤！

我自己也到了相当年纪，也没有什么成就，眼看得机会愈少——我是个兴奋 type accomplish things by sudden inspiration and master stroke（兴奋型，靠灵感突至与神来之笔行事），不是能用功慢慢修炼的人。现在身体也不好，家常的负担也繁重，真是怕从此平庸处事，做妻生仔的过一世！我禁不住伤心起来。想到志摩今夏的 inspiring friendship and love（鼓舞人心的友谊与爱）对于我，我难过极了。

这几天思念他得很，但是他如果活着，恐怕我待他仍不能改的。事实上太不可能。也许那就是我不够爱他的缘故，也就是我爱我现在的家在一切之上的确证。志摩也承认过这话。

高山流水声悠长

诗人西去，空留思念在飘扬。

相合的气场，故而友谊长存永不亡。

对于徽因来说，是志摩这位导师带她走入诗歌的殿堂，在文艺追求的道路上，他们是知己。不仅如此，这位知音还曾带来了另一位知音。费慰梅在《林徽因与梁思成》中说："无疑地，徐志摩此时对梁家最大和最持久的贡献是引见了金岳霖——徐志摩最挚爱的友人之一，清华大学哲学系教授。"

蓝颜知己，一生逐林而居

据金岳霖自己所说，他一生"逐林而居"，无论是在北京北总布胡同三号院，还是流亡南方，他在条件允许的情况下，总是把家安在林徽因与梁思成家的旁边，"一离开梁家，就像丢了魂似的"。

在哲学上，他是林徽因的知己，思想相通，相谈甚欢。在生活上，他是林徽因与梁思成的调停者，冷静客观，足以让他们心服口服。

1931年，梁思成从宝坻调查回到北总布胡同的家中，他一进门，心想的是徽因一如既往的温暖笑容，没想到却看到了她的满面愁容，顿时令他心中一紧，慌忙问徽因出了什么事。徽因沮丧地向他坦白："我苦恼极了，因为我同时爱上了两个人，不知道该怎么办才好？"梁思成一听愣住了，半天没反应过来，心中的痛苦无以言表。但是经过他理智的分析，他觉得自己要感谢徽因对他的坦白和信任，像一个小妹妹在请哥哥帮忙出主意。彻夜的辗转反侧之后，翌日清晨，梁思成把自己的答复告诉徽因："你是自由的，如果你选择老金，我会祝福你们永远幸福。"此言一出，思成与徽因都哭了。老金在徽因口中听到思成的答复后，他理智地说："看来思成是真正爱你的，我不能伤害一个真正爱你的男人，我应该退出。"自此之后，仿佛这件事情从来没有发生过，他们三个谁也没有再提过。这是因为，梁思成相信林徽因是个真诚实在的人，也相信金岳霖是个说到做到的实诚人，他们的友谊终生不渝。

哲学家的思维，客观冷静，从老金的话中，我们可以看到他对感情的推理逻辑与分析："爱与喜欢是两种不同的感情或感觉。这二者经常是统一的，不统一的时候也不少，就人说可能还非常之多。爱，说的是父母、夫妇、姐妹、兄弟之间比较自然的感情，他们彼此之间也许很喜欢。……喜欢，说的是朋友之间的喜悦，它是朋友之间的感情。我的生活差不多完全是朋友之间的生活。"因为能很好地把控自己的感情，所以老金一生"逐林

1935 年，天坛，林徽因与金岳霖、梁再冰、费慰梅、费正清等合影

而居"都受到梁家人的欢迎。梁家的孩子亲切地称他为"金爸"。甚至在林徽因、梁思成两人都已离世后，老金依然和梁家住在一起——他和梁从诫后来都住在北京干面胡同的高知楼。老金说："我同梁从诫现在住在一起，也就是北总布胡同的继续。"

梁思成、林徽因是我最亲密的朋友。从 1932 年到 1937 年夏，我们住在北总布胡同。他们住前院，大院；我住后院，小院。前后院都单门独户。三十年代，一些朋友每个星期六有集会，这些集会都是在我的小院里进行的，因为我是单身汉。我那时吃洋菜，除了请了一个拉东洋车的外，还请了一个西式厨师。"星期六碰头会"吃的咖啡冰淇淋，和喝的咖啡都是我的厨师按我要求的浓度做出来的。除早饭在我自己家吃外，我的中饭晚饭大都搬到前院和梁家一起吃。这样的生活维持到"七七事变"为止。抗战以后，一有机会，我就住在他们家。他们在四川时，我去他们家不止一次。有一次我的休息年是在他们李庄的家过的。抗战胜利后，他们住在新林院时，我仍然同住，后来他们搬到胜因院，我才分开。我现在的家庭仍然是梁金同居。只不过我虽仍无后，而从诚已失先，这一情况不同而已。

我同梁从诚现在住在一起，也就是北总布胡同的继续。

——金岳霖《梁思成林徽因是我最亲密的朋友》

金岳霖出生于 1895 年 7 月 14 日，比梁思成大 6 岁，比林徽因大 9 岁。当他给这对小夫妻当调停者的时候，真是一副老大哥成熟与沉稳的样子，用他哲学家的理性思维，抽丝剥茧，将梁、林二人剪不断理还乱的小矛盾，顿时梳理清楚，其客观公正，让他们心悦诚服。

对于金岳霖与林徽因之间的感情，有不少世俗之人，不是过于诋毁，就是赞誉过度，甚至神圣化。诋毁之说，有些甚至不堪入耳，不说也罢。过于神圣化的呢，说是金岳霖为了林徽因终生不娶，一直独身。此说并非全然谬误。金岳霖终生未婚，这倒不假。然而，说老金一直独身，这就未必了。作为一名哲学家，老金本身就不羁于世俗观念，颇有魏晋风度，并且与萨特、波伏娃处于同一时代，他的不婚观念绝非"情圣"那么简单。萨特与波伏娃，终生不婚，却终生相守，他们是对方的唯一灵魂伴侣，却不妨碍各自都还有别的同性异性朋友。当然老金是老金，他不是萨特，林徽因也不是波伏娃。老金具有冷静的思维，通达的观念，故而不会执着于儿女私情，仅仅因为无法与林徽因在一起就不结婚不恋爱。当金岳霖留洋归国之时，随他一同回国的还有一位美国女子，名叫丽琳。在归国前，丽琳与岳霖还曾于1924年同游法国、意大利等地。1925年，他们两人一起回到中国北京，并幸福地住在了一起。前文提到老金慌里慌张地请来赵元任的夫人杨步伟解决难题的时候，身为医学博士的杨步伟，还曾误以为老金与丽琳不小心弄出了"爱情的结晶"呢。

金岳霖真诚坦荡，所以一辈子是梁家的好友，直至他故去，梁从诫还为他送终。因为心无杂念，故而坦荡。这正如魏晋时期的阮籍，醉酒后酣眠于邻家美女脚边，心中坦荡，故而行为不羁，而邻人不疑。

温暖，幽默，活在自己的世界中，琴音仍悠扬……

金岳霖是个可爱、温暖而多面的人。治学著书，他严肃认真有之；生活休闲，他温暖贴心有之；言谈为文，他幽默灵动有之。

严肃认真，是金岳霖的治学之道。金岳霖的学术著作《知识论》，其主旨围绕"以经验之所得还治经验"，系统地将逻辑分析方法严格用于哲学研究，尤为重视思想的清晰性和论证性，系统地论述了知识的来源、形成以及可靠性、衡量真假的标准等问题。该书弥补了中国知识论不发达的缺陷，变革了中国传统哲学文本的写作模式。这部书稿在他认真完成后，却不幸地在抗战中跑防空警报时弄丢了，但金岳霖以严谨扎实的态度，不畏艰难，又将其重新写了出来。他在回忆中说："这是一本多灾多难的书。抗战前期，我就已经把它写完了，后来为了躲避空袭，竟把它弄丢了！几十万字啊，重写不容易！可是，得重写！《知识论》是我花精力最多、时间最长的一本书！"另，在重写过程中，林徽因为他搜集哲学资料帮过不少忙。

温暖贴心，老金给朋友们的生活带来许多欢乐的阳光。在李庄的时候，金岳霖又与梁林一家相依为命。面对火箭冲天般的通货膨胀，老金说出的一番话颇有哲思（其实也挺阿Q的）："在这艰难的岁月里，最重要的是，要想一想自己拥有的东西，它们是多么有价值，这时你就会觉得自己很富有；同时，人最好尽可能地不要去想那些非买不可的东西。"老金的话，总能给人带来安慰。林徽因在给费慰梅的信中说："我们亲爱的老金，以他具有特色，富于表现力的英语能力和丰富的幽默感，以及无论遇到什么事都能处变不惊的本领，总是在人意想不到的地方为朋友们保留一片温暖的笑。"

林徽因在给好友费慰梅的信中说："思成是个慢性子，愿意一次只做一件事，最不善于处理杂七杂八的家务。但杂七杂八的事却像纽约中央车站任何时候都会到达的各线火车一样冲他驶来。我也许仍是站长，但他却是车站！我也许会被碾死，他却永远不会。老金（正在这里休假）是那样一种过客，他或是来送客，或是来接人，对交通略有干扰，却总能使正常车站显得更有趣，使站长更高兴些。"老金在该信下方补充道："当着站长和正在打字的车站，旅客除了眼看一列列火车通过外，竟然不知所云，也不知所措。我曾不知多少次经过纽约的中央车站，却从未见过那站长。而在这里却实实在在的既见到了车站又见到了站长。要不然我很可能会把他们搞混。"

当林徽因在昆明养病的时候，在李庄陪着女儿的梁思成，不在徽因身边，却因为老金的帮忙照顾而安心。思成在给费慰梅与费正清的信中这样说道："尽管昆明的高海拔对她的呼吸和脉搏有不良影响，但她在那里很快活。她周围有好多老友做伴，借给她的书看都看不完。有老金陪着她（多么波希米亚作风！），还有个很好的女佣，有很好的照应。我没有什么好担心的。"

幽默灵动，金岳霖从少年时代就已表现出来。金岳霖在考入清华学堂后不久，民主革命爆发，先锋学生都告别旧时代的累赘发型，纷纷剪掉长辫子，金岳霖当然不甘人后。他追赶潮流，以剪辫子表达自己对革命的支持，同时还套用唐代诗人崔颢的《黄鹤楼》，编了一首打油诗，"幽了一默"：

辫子已随前清去，

此地空余和尚头。

辫子一去不复返，

此头千载光溜溜。

老金幽默的时候，是一种开放的状态。然而他的"闭合"，让他有效地摆脱了世俗的羁绊，活在自己的世界中，保持了自己内心的宁静安然。多年以后，金岳霖的一位得意门生，因失恋意欲自杀，老金多次安抚，再三开导说："恋爱是一个过程。恋爱的结局，结婚或不结婚，只是恋爱全过程中的一个阶段。因此，恋爱的幸福与否，应从恋爱的全过程来看，而不应仅仅从恋爱的结局来衡量。恋爱是恋爱者的精神和感情的升华。恋爱的对象，在一定程度上，是恋爱者的精神和感情的创造物，而不真正是客观的存在。因此，只要恋爱者的精神和感情是高尚的，纯洁的，他（她）的恋爱就是幸福的。"（周礼全《怀念金岳霖师》）

在林徽因离世后，金岳霖还曾与《文汇报》的美女记者浦熙修谈婚论嫁，奈何天意弄人，浦熙修当时为政治冤屈，不久又因病故去，老金由此依然单身。不过，幸而老金向来的爱情哲学是过程重于结果，幸福过就够了。——"不在乎天长地久，只在乎曾经拥有"。

高山流水四重奏

除了梁思成、徐志摩之外，金岳霖是林徽因非常重要的知己。此外，费慰梅与费正清夫妇也是她和梁思成的终生知己。

相逢恨晚，两对伉俪的故都奇遇

缘，妙不可言。是什么样的缘法，令两个年轻人相亲相爱，朝着共同的方向学习进修？又是什么样的缘法，令两对年轻人志趣相投，相见恨晚？心有善意，善缘自来。心中所想，悦乎友自远方来，故而友自远方来，于千万人中得以相识相知。一见如故，一生相知。

费慰梅，生于1909年，卒于2002年，美国著名汉学家，研究中国建筑与艺术。费正清，生于1907年，卒于1991年，美国哈佛大学终身教授，著名历史学家，美国最负盛名的中国问题观察家，美国中国近现代史研究

费慰梅

领域的泰斗，美国"头号中国通"，哈佛东亚研究中心创始人。

费正清来自美国南达科他州，费慰梅来自美国马萨诸塞州的坎布里奇（剑桥）。在坎布里奇，他们相遇相恋。1932年初，费正清独自一人先来到中国，一边在中央研究院进修汉语，一边在清华大学蒋廷黻门下攻读研究生，研究清朝政府与西方各国的外交历史。1931年费慰梅从哈佛拉德克利夫女子学院（Radcliffe College）艺术史系毕业。1932年，在费正清来华后不久，费慰梅独自一人横跨太平洋，前来中国追随未婚夫，他们在北京的教堂举办了婚礼，并住在东城区大羊宜宾胡同一座漂亮的四合院里。

北京这座充满历史文化底蕴的古都，令这对年轻的美国学者夫妇着迷不已。紫禁城、香山，以及各大著名寺庙等名胜古迹，召唤着他们一有时间就去探寻。其中，环抱整座古城的高耸城墙与漂亮的门楼，对他们来说最具吸引力。这具有千年文化的文明古国，正上演着新旧交替的悲喜剧。然而，尽管他们的寻幽探古趣味盎然，因为没有真正走进中国人的生活中，他们依旧只是两个对新鲜事物应接不暇的旁观者。

"约莫在我们婚礼后的两个月，我们遇见了梁思成和林徽因。当时，我们都不曾想过这段友谊日后会持续那么多年。他们很年轻，彼此深爱着对方，同时又很乐意我们常找他们做伴。……我们离去时，她向我们要了地址。这时才惊讶地发现，原来我们两家的房子离得很近，他们就在大街尽头的东城墙下。他们和我们一样年轻，又住得那么近，真让我们喜出望外。"费慰梅在《林徽因与梁思成》一书的作者前记中这样写道。

费慰梅眼中的林徽因是"人美得没话说，个性又活泼"，梁思成是"比较内敛，彬彬有礼，十分聪敏，偶尔还展现出古怪的机智"。由于林徽因与梁思成精通英语，通晓中西文化，并且一同在美国留学过，他们与费慰梅、费正清从一开始的共同话题"美国高校校园生活"，到深入交谈后，一起聊的中西文化，无不相谈尽欢。很快，两家的友谊就变得非常深厚了。费慰梅、费正清这两个中文名，正是梁思成根据他们英文名字的发音音译过来的，不仅保留了英文名的发音元素，而且中文用字兼具美感与文化内蕴：梅花是中国文人最爱的花中四君子之一，象征了"坚强，忠贞，高雅"；而"正直""清廉"亦为君子的美好品德。

从进入梁家社交圈开始，费氏夫妇这才真正进入中国人的生活当中。并且，由于林徽因与梁思成皆出身名门，家世显赫，借助他们的人脉关系，费氏夫妇在中国的学习、研究得到了很多帮助。1933 年，费正清受聘于清华大学担任教职，讲授欧洲文艺复兴的历史。费慰梅说："我们觉得自己已经是这里的一分子了。"

明明住得很近，却一直并未相识。明明志趣相投，却一直无缘交谈。或许，那是因为缘分未到。当缘分到来的那一刻，两对年轻的夫妇相识了，却不是在他们住得很近的家中，而是在别的朋友组织的聚会上相识的。当得知两家住得那么近的时候，他们无不惊喜惊奇。

陶杰在《杀鹌鹑的少女》中写道："当你老了，回顾一生，就会发觉：什么时候出国读书、什么时候决定做第一份职业、何时选定了对象而恋爱、什么时候结婚，其实都是命运的巨变。只是当时站在三岔路口，眼见风云千樯，你作出抉择的那一日，在日记上，相当地沉闷和平凡，当时还以为是生命中普通的一天。"当费正清与费慰梅决定来到中国的时候，他们绝没有预想到，他们会在北京遇到他们一生的挚友。生活的每一天都看似平淡无奇，然而奇遇就发生在每一天。相逢恨晚，是传奇，是奇遇，更是古城中飘出的古琴一曲曲。奏罢《高山》，演《流水》，一曲一曲又一曲，请君洗耳细听取。

志同道合，纷纭世事中的相互慰藉

"我带着维尔玛（Wilma，即费慰梅）沿着帝国宫殿的路回家，我们乘车穿过宫殿的大门，黄昏时分抵达我们居住的胡同……在烛光下，我们甜美而亲密地就餐，屋外传来中国人举行婚礼的笛声和铜锣声……"这是刚到中国不久，沉浸在新婚甜蜜中的费正清，给远在美国的父母信中对自己异域生活的描述。因为治外法权，他与爱妻费慰梅在中国的生活享受着种种便利，在异国他乡依然可以继续自己以前爱好的骑马、打网球等业余活动，又可以尽情领略华夏古都的悠闲与浪漫。此外，费氏父母还给他们1500美元的资助，当时的汇率让他们手中的这笔钱在中国顿时增值五倍，衣食无忧，并且雇佣仆役、外出旅游也绰绰有余。在梁家将他们带入当地中国知识分子的真实生活中后，他们的异国生活就真正接地气地丰富与充实了。

刚到中国的费氏夫妇，汉语还说得不怎么顺口，梁氏夫妇的流利英语，顿时让他们感到他乡遇故知。费氏夫妇居住的大羊宜宾胡同，距离北总布胡同不过数百米而已。在"太太客厅"有文化沙龙时，他们经常参加，而没有沙龙的日子里，费慰梅也喜欢往北总布胡同跑，因为在那里，她和林徽因总有聊不完的共同话题。后来，费慰梅曾经对梁从诫说过，林徽因的英语，常常使他们这些以英语为母语的人都感到羡慕。

梁、林夫妇与费氏夫妇、老金在北总布胡同三号院客厅中

林徽因与金岳霖、梁思成、费慰梅、梁再冰合影

对于费氏夫妇，梁氏夫妇是他们异国生活的一扇崭新的门，更是去国离乡后的新的情感寄托。对于梁氏夫妇，费氏夫妇让他们在这被旧文化包围的日常生活中，又呼吸到了留学时光的自由气息，尤其是林徽因，更获得了沟通无碍的酣畅感。

当时的林徽因，已经是两个孩子的母亲，虽然有佣人帮忙，家务事她不用事必躬亲，但是作为家中的女主人，各项事务总是要她来定夺，总少不了一些杂务。且不说年幼的女儿与刚出生的儿子需要操心，她那位"感情上完全依附于她、头脑同小脚一样被裹得紧紧的母亲"，就已经是她甜蜜的负担中的重要部分。费慰梅在《林徽因与梁思成》中回忆道：

……中国的传统要求她照顾母亲、丈夫和孩子们，监管六七个佣人，还得看清楚外边来卖东西或办事的陌生人。总之，她是这个家的总管。这些责任耗掉了她在家里的大部分时间和精力。虽然户外的差事交给佣人去做，家里女主人通常只是在走亲戚、参加葬礼或特殊的庆典时才外出，但是，徽因忙的事可多着呢！

林徽因当然是过渡一代的女知识分子，她反抗传统的老规矩。她在英国、美国，甚至早年在中国读小学时都是受西方教育，她在国外过的也是大学生的自由生活，在沈阳和思成共组的家更是如此。可是此刻在北京，家里的一切都使她铩羽而归。她在书桌或画板前没有一刻安宁，没有一刻可以不受孩子、佣人或母亲的干扰。实际上，她是这十个人的囚犯，他们每件事都要找她做决定。当然一部分要怪她自己，在她关心的各种事情当中，人的问题永远占优先地位。尽管她讨厌在画建筑图或写一首诗时被打断，但是她不仅不抗争，反而把注意力转向别人的麻烦。

这会儿也是我们相识的时候，徽因只有二十来岁，年轻而美丽，幸福地与思成结为夫妻，刚刚成为一个可爱的小女儿和一个新生小男孩的母亲。而我与徽因的交往就从她忙碌的一点缝隙中硬挤了出来。她需要懂她的人来倾听她的诉说。我们之间的交流完全用英语，因为当我还是个中文初学者时，她已经是精通英语的大师了。

毫无疑问，若不是有英语当媒介，我们的友谊不会如此深刻，如此长久。在她的知交圈子里，有不少人都掌握两种语言。但是，在他们之间进行的思想交流仍主要通过他们的母语，而我们俩在单独的交谈中，却选择英语来表达自己的思想。不久，我们便发现彼此有着无数的共同语言，交换彼此的经验，维护自己的论点，共享相同的信念。她在英语方面博而深的知识使我们能够自在地交流，而她对英语的喜爱和娴熟，也使我们在感情上更为接近了。她发现有机会用英语来说出日常生活中的奇想，觉得很有意思。在我这方面，我那时刚刚跨过中国生活的门槛，她生动的故事迷住了我，引导我登堂入室。

1935 年 11 月 21 日，日本人以《联合亚洲先锋报》取代《大公报》，并极力拉拢中国的知识分子入其阵营。林徽因也收到了类似的邀约，她和梁思成都非常气愤，极力避开的同时又对已经沦落敌人阵营的中国知识分子痛心疾首。费氏夫妇得知后，对于中国的时政，他们是旁观者也爱莫能助；对于好友的糟糕心情与混乱情绪，他们是感同身受。手无

林徽因与金岳霖、费慰梅

缚鸡之力的知识分子，既不能上阵杀敌，又因情绪失控无法继续自己的研究本业，这可就太糟糕了。这时，费慰梅灵机一动，带上林徽因去骑马散心。

骑上马儿，奔出城门外，就是美丽的田野，田野上的庄稼一直种到城墙脚下。大自然的清新扑面而来，在嘚嘚的马蹄声中，风声从耳边

林徽因与费慰梅在野餐

奔驰而去，顿时吹散了徽因心中的雾霾，于是乎，她心田的天气多云转晴，仿佛插上了翅膀一样轻灵。北京的郊外，不仅有美丽的原野，原野中还点缀着古朴的宝塔、荒废的墓园、被焚毁的圆明园、元大都城墙的遗迹……这些景致，无不令人心驰神往。一旦开始骑马，徽因就爱上了这项运动，于是购置全套的骑马行装，故而有了前文提到的，萧乾第一次见到林徽因时，她一身潇洒的骑马装。骑马不仅令林徽因心情愉悦，更使得她原先多病的身体开始健朗起来。

林徽因说，费氏夫妇的到来，给她注入了新的活力与憧憬，令她更加年轻、活泼、有朝气，她对此表示深深的感恩。她在信中对费慰梅说："今秋或初冬的那些野餐、骑马（还有山西之行）

使我的整个世界焕然一新。试想如果没有这些，我如何能熬过我们民族频繁的危机所带来的紧张、困惑和忧郁？骑马也有其象征意义。在我总认为都是日本人和他们的攻击目标的齐化门（今北京朝阳门）外，现在我可以看到农村小巷和在寒冬中广袤的原野，空寂的小庙，娇枝嫩叶在凋零，靠着浪漫的自信依稀去跨越那朦胧的桥身。"

天涯比邻，太平洋隔不断的琴音

天下没有不散的筵席。然而距离再远，情谊不断。

1936年初，费氏夫妇离开中国，从此两对夫妇的友谊进入了天涯比邻的章节。

天涯比邻，太平洋再深再广，也隔不断他们的知音琴曲。从此开始鸿雁传书，诉情于纸上，相思流笔头。

抗战开始后，梁家开始了颠沛流离的逃亡生涯。尽管邮路的速度很缓慢，幸而他们还可以隔着太平洋，保持书信往来的交流沟通。在信中，林徽因向费慰梅诉说艰难日子中每一天的"奇遇"，而隔着重洋，费慰梅在信中给梁家带去温暖的慰藉。

在当今这个科技发达的时代，在线视频让远隔重洋的人们也可以面对面交谈。然而在20世纪30年代，这依然只是天方夜谭。再加上战时的混乱，物价的飞涨，且不说越洋电话很难得打，就连邮寄的书信都要辗转好久也不一定能够到达收信人手中。正因通讯的艰难，亲友之间的思念就愈发绵长。林徽因将林家祖传的红色皮箱遥寄大洋彼岸，让她心爱的"红色美人"到好友费慰梅的身边陪伴。她对费慰梅说，见物如见人。从那时起，将近80年的时光过去了。而今，此皮箱已成了一件珍贵的文物，见证了中美两对著名学者知交的过往。

自从好友走后，以前的促膝长谈变成了纸上笔谈，而一封信发出后，要经历数十天的漫长时光才能到达好友手中，这怎不令人望穿秋水？当林徽因收到辗转而至的知音书信，简直激动得不能自己，在回信中，她于抬头写朋友的称呼时，一连重复写了好几个，令人在纸上就能听到她连声呼唤好友的急切思念，而落款则是"爱你、爱你、爱你菲利斯"。收到一纸书信就已如此激动，当林徽因又收到费慰梅自己的专著《汉武梁祠》时，激动之情就更加无以言表了。该专著是费慰梅根据山东省武氏墓地汉代石雕进行研究的成果，已经在美国正式出版。徽因把那本凝结了好友心血的书拿在手上，一再地深情摩挲，然后慢慢地打开来细细研读，仿佛又回到过去她们一起讨论中国建筑与艺术的时光。

费慰梅的《汉武梁祠》一书源于1934年她在中国对武氏墓地的实地调查，她将散落的石块整理研究后，产生了重建祠堂的构想。梁思成在给费氏夫妇的信中对这本专著给予了很高的评价："我对这个题目格外感兴趣，我以为你只是在写拓片的内容而已，没想到你所做的，对汉代建筑有可贵的贡献。这不仅是处理武梁祠的新手法，而且对汉代葬墓遗存也提出了新观点……你在搜集参考资料方面严谨，有耐心，使整个议题无懈可击……"在信中，梁思成还告诉费慰梅，这部专著已被中央研究院的许多同事传抄学习，他们都佩服费慰梅的研究毅力，赞许她的研究成果。

林徽因一家开始流亡生涯之前，梁思成将他的一篇英文论文以及相关图纸与照片寄给费氏夫妇，该论文是关于赵州桥的。费慰梅将该论文交给麻省理工学院建筑系主任威廉·爱默生（William Emerson）过目。爱默生主要研究的是法国的建筑，研究方向之一是法国最早的开拱桥，比中国的同类桥要晚十个世纪。精美的绘图，一手的照片，以及精准的英文论述，充分的论证，令爱默生对该论文颇为赞赏，于是他将之投稿至权威的建筑学杂志《笔尖》（Pencil Point），并写了相关的推荐信。不久，在1938年1月与3月，该论文在《笔尖》上分两次发表。

论文发表的稿费通过费慰梅转寄给远在大洋彼岸的梁氏夫妇，在战乱的物价飞涨中，这笔钱（100美元）对于他们来说简直是雪中送炭，欣喜自不必言。然而，最为幸福的，还是精神上成就感的收获。《笔尖》杂志的样刊拿在手上，梁思成与林徽因的喜悦之情溢于言表。他们的喜悦不仅在于精美的印刷令图片更加漂亮，以及大方雅致的版式设计令文章阅读更加流畅，更在于他们的研究成果被美国建筑学界的承认与肯定。

近100年前，交通远不如现今发达。而1000多年前，交通又比近100年前落后更多，那时，遥遥思念好友的杜甫写下这样的诗句："渭北春天树，江东日暮云。何时一樽酒，重与细论文。"(《春日忆李白》)思念就是这样化作纸上文字，飘向远方的。杜甫与李白如此，梁氏夫妇与费氏夫妇亦是如此。

暮云春树，一切终将化作芬芳的尘埃

暮云春树，鸿雁寄相思，云间传尺素。乌云总有飘散日，知音亦有再聚时。相逢远故地，情意终如一。相逢再别离，世事几变迁，转眼音信忽全无。待到青鸟重飞日，往事归尘土。莲花一朵尘中开，本自清香，无驻尘埃。凡夫俗子睹风采，温柔坚强可缅怀。

梁家在抗战的流亡生涯中，经济拮据，林徽因又饱受肺病的折磨。费氏夫妇在信中得知这一情况后，非常担心与忧虑。于是乎，费正清努力奔波、颇费心思地办理各项手续，使得梁思成获得了赴美访问、讲学的邀请。这项举措，费氏夫妇表面上做的是促进中美学术交流，更深层次上则是为了好友的团聚，其中最重要的原因也是为了让林徽因得以借机赴美治病休养。林徽因与梁思成深知费正清与费慰梅的一番好意，也在心中感恩不已，但是他们辞谢了这番好意，只因为心在祖国，不忍在祖国正逢战乱的时候离去。

1941年，美国加入反法西斯战争。当时，费慰梅与费正清都供职于华盛顿政府，他们都非常期待能够重新回到中国，后来也终遂心愿。1942年8月中旬，费正清作为美国情报局的驻华首席代表来到中国。当时的中国东部省份已被日军攻占，费正清只得先绕道印度，再从印度搭乘飞机横越喜马拉雅山到云南昆明，路上花了一个月时间。到达中国后的前两个月，费正清一直在处理繁忙的公务，期间只能借梁思成到重庆办理公务才得以相见。久别重逢，两人分外激动，可惜的是林徽因在李庄抱病，费慰梅也尚未能够一同前来。

两个月后，费正清终于放下一切抽出时间前往李庄看望梁氏夫妇。他乘坐小船在水路上走了三天，路上有陶孟和陪伴。不料

1942年，林徽因在病榻上与梁思成、刘叙仪（刘敦桢大女儿，右二）、梁从诫、梁再冰、刘叙彤（刘敦桢小女儿，左一）等合影

他在路上患了风寒感冒，高烧了好几天。到达李庄后，他和女主人林徽因一样也卧病了，梁思成就每天奔忙于隔着客厅的两个房间，送食物、药品、体温表等，照顾两位病人。尽管情况有些糟糕，也无法冲淡久别重逢的那种喜悦之情。费正清走后，林徽因在给他的信中说："我已经很久没有开玩笑和嬉闹了，但在你的巨大影响之下，现在对我来说是一种享受，在严肃的谈话、亲切的私语和冷静的讨论之余，那随意的、不太正经的隐喻和议论，非常动人心弦、非常甜蜜。"

费正清重回中国三年后，1945年，费慰梅才获得重新来华的机会。这次她是作为美国驻华大使馆的文化参赞飞到重庆。当时在重庆的梁思成前来迎接她。那是战争的一个转折期，然而在胜利消息正式传来的那一刻之前，谁也不敢肯定那是什么时候。8月10日晚间，费慰梅与梁思成还有两位中国作家，一起在美国大使馆餐厅共进晚餐。饭后，他们一起纳凉长谈。往事随着夜幕在铺陈，山城渐渐亮起的灯光照亮记忆碎片。言谈突然间中断了，因为远远地传来了警报声，一时间他们都有些困惑，过了一会儿才确认是胜利的消息传来。整座山城的人们都在沸腾欢庆，梁思成却有一丝落寞，因为这期盼已久的时刻来临时，他却不在爱妻林徽因的身边。

从重庆到李庄，水路要走三天。费慰梅与梁思成一样，都急切地想要见到林徽因。幸好有一位好心的美军飞行员用运输机把他们送到了宜宾。下了飞机，他们又乘小船数公里才到达李庄。

林徽因尽管在病中，身形细瘦，见到老友却精神极好。在经历世事变迁之前，她们就有着说不完的共同话题。历此沧桑之后，共同话题更转深入。

久病的林徽因对胜利的庆祝方式就是五年来第一次出门上街，她坐在摇摇晃晃的滑竿上到街上的茶馆去看各种新景象，而费慰梅则在旁边一步一步地跟着走。这一次短短路程的出行，却够林徽因回味好几个星期。费慰梅离开李庄后，林徽因在信中对她说："你无法想象，你走了以后，这里有多么寂寞。你在这院子里的时候，我们多么快乐啊！"

"就为了好玩"（其实还有去检查身体），林徽因与梁思成坐船来到重庆，这也是林徽因五年来第一次离开李庄。费正清与费慰梅美国驻华使馆人员的身份，为他们在重庆带来了种种便利。他们驾车带着梁氏夫妇用餐、看戏、看电影，仿佛又回到了20世纪30年代的北平旧时光。

1946年夏季与1947年春节，费正清、费慰梅又先后离开中国回到美国。两对夫妇，四个知己，他们都万万没有预想到，这一别竟是永别了。离别后，书信频仍，思念在传递。奈何后来的政治原因，令中美之间的通信完全中断了。

春去春又来，花谢花重开。中断的中美两国通信又重新开通。林徽因与梁思成相继离世后，他们与费氏夫妇的友谊仍以另一种形式在继续。

在费正清与费慰梅回美国前，梁思成的英文书稿《图像中国建筑史》曾托付给他们，后来几经辗转，终于得以出版，可惜梁思成与林徽因没有看到那一天。费氏夫妇与梁思成林徽因夫妇的友谊，在林与梁分别故去后，在林洙、梁从诫身上得到了延续。梁从诫翻译出版了父亲的《图像中国建筑史》中文版。林洙与费慰梅在中美两国又重游了四位知己当年曾经到过的地方。费正清为梁思成的诞辰写下怀念文章《献给梁思成和林徽因》，文中盛赞梁思成与林徽因是"不畏困难，献身科学的崇高典范"。在他的回忆录中，他还特别赞美了林徽因："她是有创造才华的作家、诗人，是一个具有丰富的审美能力和广博的智力活动兴趣的女士，而且她交际起来洋溢着迷人的魅力。"（《费正清对华回忆录》）费慰梅离世前完成的传记《梁思成与林徽因——一对探索中国建筑史的伴侣》（Liang and Lin: Partners in Exploring China's Architectural Past），将四位知己终生的友谊化作芬芳的尘埃，存留书中。林徽因的风采在书中得以客观展现。

一生得一知己，足矣。林徽因何其幸运，除了梁思成、徐志摩、金岳霖，她还拥有费慰梅与费正清这样终生相知相提携的知己。

最美的风景在路上

　　美人引人妒。林徽因的才华与美貌，令很多人拜服不已，也让不少人心生妒忌。妒忌者以各种理由来说辞，诸如"文学才华不如张爱玲"之类的。一千个人眼里有一千个哈姆雷特。文科类的成就，尤其是文学方面的成就，每个人的评判标准都不一样，很难界定谁的成果更胜一筹。理工科则不一样了，数据在那里，优秀的标准就很客观。幸好林徽因出身工科，她在建筑学方面的

1934年，林徽因考察陕西耀县药王山药王庙

成就，有目共睹。且不说那些既专业又富有灵气的建筑学论文，光看她在实地考察中付出的汗水，以及那精美的测绘图，就已令人叹服。

1934 年，林徽因在测绘途中

1930 年至 1945 年之间，林徽因和梁思成的实地考察足迹遍及全中国的 15 个省份，200 多个县，考察绘制了 200 多处文物建筑。其中不少的文物建筑正是因他们的考察而获得政府的关注，进而得到保护的，例如，河北的赵州桥，山西的应县木塔、五台山的佛光寺等等。

风雨同行，晴天共享——山西道，知己在路上

1934 年夏季，费慰梅与费正清在山西的一个偏远农村得到了一个清修之所。那是在汾州（现汾阳）附近峪道河畔的一座古老的磨坊。该磨坊早已歇业，是费氏夫妇的好友阿瑟·汉默博士（Dr. Arthur Hummel）住了多年的家，他将此磨坊暂借给他们消暑一夏。当时，梁思成已经在华北实地考察了一段时间，林徽因由于家务缠身并不能够时常出来。借此大好机会，费氏夫妇诚邀思成与徽因来磨坊与他们一起消夏，顺便可以考察周边的古建筑。梁氏夫妇欣然前往。

费氏夫妇与梁氏夫妇相识后的这两年，正是梁思成频繁外出考察的时候，所以费慰梅与费正清每次和他相聚都是匆匆而过。在峪道河畔的消夏时光，他们四个朝夕相处，每天三餐都在一起边聊边吃。费氏夫妇这才惊讶地发现，原来梁思成居然爱吃辣椒。他们每天的进餐时间都过得很开心，因为就连思成这个平常沉静的人都妙语连珠。饭后，他们就各自做各自的学术研究。在那里，思成拟定了一个考察计划，从峪道河畔北面约150公里的省会太原市，沿汾水向南直至赵城，一共考察8个县。

　　峪道河畔附近的寺庙，他们四个就徒步前行或者骑驴前往；距离远的地方，他们便租传教士的汽车前往。一路上留下了他们四位知己的欢声笑语。在梁思成与林徽因的带领下，费氏夫妇很快就对建筑考察的丈量等基本技能熟悉了。在考察时，思成负责拍照与记录，徽因负责从寺庙的石碑上誊抄重要的碑文。

1934年，山西，梁、林夫妇在考察民居的路上

　　《晋汾古建筑预查纪略》是梁思成与林徽因此次山西考察的收获之一。在文中，徽因如是描述峪道河附近的一座龙天庙，这座小庙让他们得到一个有趣的发现：

山西中部、南部我们所见的庙宇多附属戏楼，在平面布置上没有向外伸出的舞台。楼下部实心基坛，上部三面墙壁，一面开敞，向着正殿，即为戏台。台正中有山柱一列，预备挂上帷幕可分前后台。楼左阙门，有石级十余可上下。在龙天庙里，这座戏楼正堵截山门入口处成一大照壁。

在距离峪道河畔的磨坊大约120公里的赵城附近的广胜寺，1933年一部宋代刻本的藏经被世人发现，令学术界轰动，更令广胜寺声名远扬。梁思成推断，经书是宋朝的，那么广胜寺也极有可能是宋朝的。近千年前古建筑的存在，令他们欢欣鼓舞。

他们四个租车前往。夏季暴雨过后的道路，泥泞坎坷，令他们的行程异常缓慢，最后他们只好请司机自己返回，他们四个则暂住附近的一座寺庙里。他们在寺院的走廊里打开帆布床，疲惫令他们顾不上他人从矮墙上的偷窥，倒下就休息了。

翌日，他们租了两辆驴车，又雇船渡河，几经辗转，在传教士家中借宿过，中途又遇到了很多不同的状况，过了好几天才到达霍山山脉南部广胜寺。连日风尘仆仆地奔波，他们都成了久经考验的徒步者。他们四个中最受考验的应该是梁思成与林徽因，因为早年的车祸后遗症令思成腿脚有些瘸，而徽因则是向来身体状况不太好。到达广胜寺的时候，他们都疲惫不堪，但是古建筑的光彩令他们欣喜不已。寺庙的僧侣为他们提供了不错的招待：不仅提供斋饭，而且允许他们在寺院里他们喜欢的任意地方搭帆布床借宿。思成与徽因选择了在大殿里搭帆布床，为的是睁眼即可研究顶上的建筑构架。费氏夫妇更喜欢仰头望星空，故而把帆布床搭在小钟楼护栏里的露天平台。

广胜寺背山面水，很符合中国传统的风水学。寺庙中的壁画很有特色，是极为罕见的纯世俗题材，迥然有别于其他寺庙的宗教题材壁画。经过考察后，梁思成与林徽因根据经验推论，广胜寺的建筑年代大概是 14 世纪，或者元末明初。尽管这座寺庙的年代比他们实际考察之前预估的要晚，但在那里，收获还是很多的。然而，他们痛心地发现，大殿的壁画被重新粉刷毁坏了。僧侣解释说，那是 1927 年，寺院的僧人为了筹款修缮寺庙，把大殿两面壁画卖给了古董商人，反正不修缮庙宇，壁画也保不住的。

这次山西之行，他们还一起经历了很多。有发现古建筑的喜悦，有对乱世怪象的悲伤，有对文物被毁的痛心，还有对传教士接待他们的微妙的不同反应（费氏夫妇比较享受传教士家中的接待，而思成觉得有伤民族自尊）。知己之间，不是任何时候对任何事都会有一致的看法，但是不管怎样，他们还是会感到同行的欢乐，并一起承担旅途的艰辛。

生命之夏，花开梁上——帝都文物建筑的测绘

1935 年，梁思成被聘为北平市文物保护委员会顾问。这一年的夏天，北京的故宫、太庙、社稷坛、北海、颐和园等许多古建筑，都留下了林徽因与梁思成测绘的足迹。工作任务重，行程紧，然而他们的心情是愉悦畅快的，因为他们在专注于自己所热爱的事业。这是繁忙的夏季，也是生命的夏季（当然，他们两人对北京古建筑的考察测绘，并不仅仅局限在这个夏季）。

早在 1931 年，林徽因与梁思成就已对天坛祈年殿进行了测绘。虽然户外的攀爬是一项艰苦的工作，但林徽因在进行这项工作的时候，依然保持着优雅美丽。从现存的照片我们可以看到，在祈年殿上，林徽因身着一身美丽的长旗袍，一顶斗笠放在身边，她的头发略显凌乱，却不减风采；她旁边的梁思成也同样是面带微笑，手中抱着一顶草帽，眼神透过镜片若有所思。不得不提的是，林徽

林徽因与梁思成在天坛祈年殿上

因是自祈年殿建成以来第一位登上宝顶的女建筑师，不仅是照片中她的绝代风华足以让后世敬仰，她亲身测绘后下笔的文字，对建筑史意义重大，也足以流芳百世。

天坛在北京外城正中线的东边，占地差不多四千亩，围绕着有两重红色围墙。墙内茂密参天的老柏树，远望是一片苍郁的绿阴。由这树林中高高耸出深蓝色伞形的琉璃瓦顶，它是三重檐子的圆形大殿的上部，尖端上闪耀着涂金宝顶。这是祖国一个特殊的建筑物，世界闻名的天坛祈年殿。……它是许多人对北京文物建筑最先的一个印象。

1935 年，林徽因、梁思成与修缮工程的技术人员在祈年殿区前合影

......它也是过去辛勤的劳动人民用血汗和智慧所创造出来的一种特殊美丽的建筑类型，今天有着无比的艺术和历史价值。

......祈年殿是祈谷的地方，是个圆形大殿，三重蓝色琉璃瓦檐，最上一层上安金顶。殿的建筑用内外两周的柱，每周二十根，里面更立四根"龙井柱"。圆周十二间都安格扇门，没有墙壁，庄严中呈现玲珑。这殿立在三层圆坛上，坛的样式略似圜丘而稍大。

——林徽因《天坛》

北京那些著名的古迹自不必说。此外，林徽因与梁思成的测绘足迹覆盖很多偏僻的小庙，发现了不少被遗忘的美丽。那些古建筑在尘世中静静地沉睡了很多年，是这两位建筑学家的慧眼与汗水，让它们重新回到生命的夏季，重新走入世人的目光中。在其中，有一座宝塔尤为美丽，这就是五塔寺。该寺位于现在北京动物园的北面、国家图书馆的东面。

五塔寺的宝塔造型别致，是五座小塔建立在一座大台基上，这种台基在佛教术语中又被称为"金刚宝座"。金刚宝座塔模仿印度佛陀伽蓝大塔建成，又融入了中国独特的传统风格。塔中存放有高僧班迪达的舍利子。班迪达是印度僧人，永乐初年（公元1413年）自西域来京，带来了金刚宝塔的图样。永乐皇帝将其封为大国师，并敕建大正觉寺（即五塔寺）供其修行居住。寺中的宝塔建于明成化九年（公元 1473 年），并供养班迪达高僧二分之一的舍利子（另外一半在五台山，林徽因与五台山的种种缘法令人不得不感叹）。这座宝塔经历战乱与世事变迁，依然屹立不倒，现在是"北京石刻艺术博物馆"的所在地。笔者曾实地参观过五塔寺，不禁感叹：在人潮如涌的北京三环内，居然有如此清幽美丽的修行之所，真是令人心生欢喜。

且看林徽因笔下的五塔寺大塔：

大台的最底层是个"须弥座"，座之上分五层，每层伸出小檐一周，下雕并列的佛龛，龛和龛之间刻菩萨立像。最上层是女儿墙，也就是大台的栏杆。这些上面都有雕刻，所谓"梵花、梵宝、梵字、梵像"。大台的正门有门洞，门内有阶梯藏在台身里，盘旋上去，通到台上。

这塔全部用汉白玉建造，密密地布满雕刻。石里所含铁质经过五百年的氧化，呈现出淡淡的橙黄的颜色，非常温润而美丽。过于繁琐的雕饰本是印度建筑的弱点，中国匠人却创造了自己的适当的处理。他们智慧地结合了祖国的手法特征，努力控制了凹凸深浅的重点。每层利用小檐的伸出和佛龛的深入，做成阴影较强烈的部分，其余全是极浅的浮雕花纹。这样，便纠正了一片杂乱繁缛的感觉。

——林徽因《北京近郊的三座"金刚宝座塔"》

这样的建筑学专业文章，依然散发出林徽因的文笔之美，以及她对美学的深刻体悟。那是因为，除了扎实的理工科学养，以及不辞辛劳实地调研测绘，林徽因的知识体系还贯通文史与美学，厚积薄发，故而能写出这样兼具美感与实用的文章来。林徽因的工科学养以及实践精神，可不就像金刚宝座台基的厚重与沉实？而她对美感的超强领悟，可不就如宝塔的玲珑高耸？文学美感的生发，因扎实的学养底蕴而更加实在。宝塔的灵动美丽，则必须建立在台基的稳固之上。

千年之缘，芳华重现——发现五台山佛光寺

昨夜西风凋碧树。独上高楼，望尽天涯路。

衣带渐宽终不悔，为伊消得人憔悴。

众里寻他千百度，蓦然回首，那人却在、灯火阑珊处。

这三个言情诉相思的佳句，被国学大师王国维归纳为"悬思——苦索——顿悟"的治学三重境界，可谓生动形象。对于林徽因与梁思成的古建筑考察来说，这三个佳句同样也可以用来形容他们的考察测绘的三个递进阶段。对于一睹华夏大地遗存唐朝木构建筑风采的渴望，令他们"望断天涯路"。从1932年进入中国营造学社起，林徽因与梁思成以及其他社员就开始寻找唐朝木

构建筑的踪影。为此，他们几乎跑遍了华北与中原所有可能遗存古建筑的地方，收获不少，但发现的终究还是晚于唐朝的年代。面对日本学者"要看唐朝木构建筑，只有去日本京都或者奈良"的扬言，他们"衣带渐宽终不悔"，发心一定要找到华夏大地上遗存的唐朝木构建筑。山重水复疑无路，柳暗花明又一村。正当他们一次次失望茫然的时候，敦煌莫高窟第 61 号洞窟的两幅壁画犹如一盏明灯，让他们找到了追寻的方向。——"蓦然回首，那人却在，灯火阑珊处。"

1937 年初夏，根据壁画的指引，梁、林夫妇以及营造学社的同事莫宗江、纪玉堂前往五台山寻找佛光寺。原来，那两幅壁画不仅描绘了五台山的全景，而且标明了其中每座庙宇的名字。查阅了相关史料后，他们认为这些寺庙中，佛光寺最有可能是唐朝遗存的木构建筑。

五台山位于山西省忻州市五台县境内，自古以来是佛教圣地，位列中国四大佛教名山之首，亦为世界五大佛教圣地之一。目前五台山已经被列为世界文化遗产，是国家 AAAAA 级旅游景区。五台山自古以来庙宇林立，但主要集中在五座山峰围绕的中心盆地台怀镇上，现在的旅游景区就位于台怀镇。台怀镇名寺虽多，但建筑年代都不太久远，明清之前的庙宇都极为少见。这是因为，"名胜"之"名"，自古就引来无数权贵布施重修，故而文物难存。从壁画上看，佛光寺并不在五台山的台怀镇，而是位于南台之外，那里香火相对稀少，缺乏重修的资金，极有可能保存了唐朝的木构建筑。

现在的北京驴友，无论是参团游玩，还是徒步登山，一夜就能从北京到五台山，一个周末就能往返，非常方便。而在林徽因和梁思成去考察的那个年代，他们需要先从北平坐火车到山西太原，再从太原乘汽车走，半路上还因道路无法行车而换骑驮驴进山，直到第二天傍晚才到达目的地佛光寺。

佛光寺位于南台之外豆村镇东北大约 5 公里的佛光山中，依山而建，正殿高居台基上，周围有 30 多株古松环绕，其魁伟的气势，令一路奔波的营造社员震撼不已。简洁的斗拱，以及深远支出的屋檐，令他们一眼便知其年代久远。是不是唐朝木构建筑呢？他们心中的疑问不久便消失了。答案是令人欢欣鼓舞的肯定。而且这答案的揭示，极具戏剧性，仿佛有段千年之缘在重现光芒。

推开佛光寺大殿殿门，黄昏的光

为了考察测绘古建筑，林徽因也成了"梁上君子"

线斜射入内，殿宇更显辉煌。除了佛坛供养的佛像之外，在佛坛的左侧还有一名女施主的塑像，与真人大小一般。寺里的僧人说这是武则天。塑像群的色彩特点显示出晚唐时期的特质。欣喜的考察者推断，如果塑像是唐朝原物，那么其留存之所必为唐朝构建，因为重修殿宇的话，很难保持塑像的原貌。

兴奋未已，天色已晚。林徽因与梁思成等人只好第二天才开始仔细考察。整座建筑，无论从整体还是局部来看，无一不是显现出晚唐时期的特征。殿宇的屋梁构架有"平闇"顶板，故而屋梁之上漆黑一片。他们爬上屋梁之后，才发现脚下的灰尘竟有几寸之厚，如棉花一般。手电筒的光柱过处，蝙蝠成群，难以驱赶。

除了蝙蝠的秽气难闻，屋梁上还有比蝙蝠更多的臭虫，这两种密集的生物，混杂在厚厚的灰尘当中，令他们的工作极为艰苦。然而，他们感到此行不易，再游或许无望，故而此次考察的机会极为珍贵，无论多么艰苦，都不减他们探索考察的仔细认真。更何况，他们在做自己所热爱的事业，并且正在发现华夏大地遗存的大唐古建，这是一件多么激动人心的事情啊。

寺庙中残存的壁画，风格不一，显然是不同时代的作品。其中一幅署有日期，约为公元 1122 年。还有一幅，其风格与敦煌的唐朝壁画极为相像，应为唐代作品。

蝙蝠与臭虫齐飞，灰尘共黑暗一色。在几天辛苦的清理、测绘工作之后，他们发现屋梁底部有字迹若隐若现。他们四个人仰望半天，始终辨认不全。这时，犹如灵光一闪，千年之缘乍现，林徽因几次调整仰望的角度后，她的远视症发挥了优势，如有神助般读清楚了上面的字"女弟子宁公遇"。

佛光寺的供养人是位女施主，其第一个发现者也是一位女建筑师，这冥冥之中难道不是一种穿越千年的缘分么？徽因激动得难以置信，为了让定论更为可靠，她又仔仔细细检查了阶前石幢上的文字，上面竟也有"女弟子宁公遇"，列为"佛殿主"，名列于众人之前。石幢上署明的日期是"唐大中十一年"，即公元857年。

为了洗去尘埃看清楚屋梁题字的全文，他们请僧人出庙进村找人搭建木架。奈何地远人稀，村中遍寻一日，僧人仅能请来两位老农。两位老人又无搭建木架的经验，又倒腾了一天，才搭起一个架子。林徽因、梁思成等人已经迫不及待传递湿布擦洗高高在上的木梁。年代太久远，尘土太顽

林徽因测绘唐代经幢

强，他们努力工作了半天，也才洗出两道木梁。湿布过处，水浸古老的朱梁，字迹顿时清晰起来，然而水干墨即淡去，顿时消失不见。反反复复，三天之后，他们才全部弄清楚了题字的全文。题字的笔迹，明确显示出唐代风格，这令他们尤为喜悦。

直到这一刻，林徽因与梁思成等人才恍然大悟：佛坛边上的女施主并非寺僧所言的武则天，而是"佛殿主"宁公遇。这一发现非同寻常，梁思成在《记五台山佛光寺的建筑》中说：

> "佛殿主"之名既然写在梁上，又刻在幢上，则幢之建造应当是与殿同时的。即使不是同年兴工，幢之建立要亦在殿完工的时候。殿的年代因此就可推出了。
>
> ……
>
> 这比在此以前发现的最古木结构还要早127年，是我们这些年搜寻到的唯一唐代木构建筑。不仅如此，在同一座大殿里，我们找到了唐朝的绘画、唐朝的书法、唐朝的雕塑和唐朝的建筑。个别地说，它们是稀世之珍，但加在一起，它们就是独一无二的。

林徽因、梁思成等人在佛光寺的考察工作持续了一个星期。离去前，林徽因依依不舍，在宁公遇的塑像旁凝望许久，于是她的工作伙伴为她拍下了她与"佛殿主"的珍贵合照。

"蓦然回首，那人却在、灯火阑珊处。"台怀镇众多庙宇的兴旺香火，岂不就像那元宵夜的灯火辉煌？南台外偏远而人迹罕至的佛光寺，岂不就是灯火阑珊？对于唐朝木构建筑的苦苦追寻，目光急切向前却茫然无所见，蓦然回首，她——佛殿主宁公遇——却在"灯火阑珊处"。佛光寺，只是因为在壁画中多看了你一眼，从此以后没能忘掉你容颜。千年之缘，连结在两位传奇的女子之间，从此以后，千年古寺芳华重

1937 年，佛光寺中，林徽因与宁公遇塑像合影

现，照耀了一切世俗众生之眼。猖狂的日本人再也不敢说"唯有日本的京都与奈良才可亲见唐朝的木构建筑"了。华夏大地的奇迹依然留存原地。

　　这次考察的巨大收获，带给他们前所未有的喜悦，令他们的归途顿感轻松。然而，半路上，一份因为公路淹水迟到的过期报纸，令他们的心情无比沉重，仿佛刹那间从云端跌入深渊。

　　卢沟桥的枪声响起，战争已真正到来。

第三章

乱世中的修行

烽烟起，心须定，湘楚离人意

1937 年 7 月 7 日，这天正是林徽因与梁思成发现佛光寺的日子。而这一天也是中国抗日战争的正式开始。当天在北平西南郊卢沟桥，正在演习的日本军队，以一名士兵"失踪"为借口，提出进入宛平县城搜查的要求。中方守军第二十九军严词拒绝，日军就借机开枪扫射，并炮轰宛平城，第二十九军奋起抗战。史称"七七事变"或"卢沟桥事变"。此后，中国军队与日本军队展开了多次会战，然而国军节节败退，在北平的各界知识分子不得不背井离乡，离开自己长期生活的地方，向南方迁移。

林徽因与梁思成在 7 月 15 日才在过期报纸上看到"七七事变"的消息，万分焦急，赶紧绕路从平绥铁路回北平。当他们回到家中，形势暂时稍有缓和，于是林徽因给正在北戴河与姑姑度假的女儿梁再冰写了一封信，在信中，徽因分析了他们应对不同局势的策略，显示出她面对紧张局面清晰冷静的思维。另外，这也显示了她对孩子的教育方式，是以一种平等的视角在与孩子对话。

不久，北京的局面就让他们不得不向南迁徙了。在考察古建筑的旅途中，也有困难与不开心的事，但他们在做自己最为热爱的事业，在路上，总能看到最美的风景。那些最美风景来自古建筑千百年的历史底蕴，也来自优美的自然风光。当他们不得不踏上逃难的旅途时，美景依然在，它们存在于人心之美，以及那亘古不变的自然之美。人心之美，在于乐观的心态，在于热情温暖的互助。正是由于人心之美，艰辛的逃难旅程才得以进行下去。

湖南长沙的"楚国风光"，留下了西南联大以及各位大师们的喜乐与悲欢，风光再好，心态再乐观，奈何日军的轰炸已让他们的生存发展难以为继，只好继续迁移，告别"楚天"，迁往彩云之南。

在乱世中，一切都与世事安稳时的境况大不相同。山一重，水一重，山水重重，是离人思绪纷飞，物化在眼中。安逸生活的从容，化为动乱奔波中的逸梦。在乱世中，依然保持从容，方得大修行。

家书抵万金，事事平常心

宝宝：

妈妈不知道要怎样告诉你许多的事，现在我分开来一件一件地讲给你听。

第一，我从6月26日离开太原到五台山去，家里给我的信就没有法子接到，所以你同金伯伯、小弟弟所写的信我就全没有看见（那些信一直到我到了家，才由太原转来）。

第二，我同爹爹不止接不到信，连报纸在路上也没有法子看见一张，所以日本同中国闹的事情也就一点不知道！

第三，我们路上坐大车同骑骡子，走得顶慢，工作又忙，所以到了7月12日才走到代县，有报，可以打电报的地方，才算知道一点外面的新闻。那时候，我听说到北平的火车，平汉路同同蒲路已然不通，真不知道多着急！

第四，好在平绥铁路没有断，我同爹就慌慌张张绕到大同由平绥路回北平。现在我画张地图你看看，你就可以明白了。

注意万里长城、太原、五台山、代县、雁门关、大同、张家口等地方，及平汉铁路、正太铁路、平绥铁路，你就可以明白一切。

第五，（现在你该明白我走的路线了）我要告诉你我在路上就顶记挂你同小弟，可是没法子接信。等到了代县一听见北平方面有一点战事，更急得了不得。好在我们由代县到大同比上太原还近，由大同坐平绥路火车顶方便的（看地图）。可是又有人告诉我们平绥路只通到张家口，这下子可真急死了我们！

144

第六，后来居然回到西直门车站（不能进前门车站），我真是喜欢得不得了。清早七点钟就到了家，同家里人同吃早饭，真是再高兴没有了。

第六（笔者注：原文笔误如此），现在我要告诉你这一次日本人同我们闹什么。

你知道他们老要我们的"华北"地方，这一次又是为了点小事就大出兵来打我们！现在两边兵都停住，一边在开会商量"和平解决"，以后还打不打谁也不知道呢。

第七，反正你在北戴河同大姑、姐姐哥哥们一起也很安稳的，我也就不叫你回来。我们这里一时也很平定，你也不用记挂。我们希望不打仗事情就可以完；但是如果日本人要来占北平，我们都愿意打仗，那时候你就跟着大姑姑那边，我们就守在北平，等到打胜了仗再说。我觉得现在我们做中国人应该要顶勇敢，什么都不怕，什么都顶有决心才好。

第八，你做一个小孩，现在顶要紧的是身体要好，读书要好，别的不用管。现在既然在海边，就痛痛快快地玩。你知道你妈妈同爹爹都顶平安的在北平，不怕打仗，更不怕日本。过几天如果事情完全平下来，我再来北戴河看你，如果还不平定，只好等着。大哥、三姑过几天就也来北戴河，你们那里一定很热闹。

第九，请大姐多帮你忙学游水。游水如果能学会了，这趟海边的避暑就更有意思了。

第十，要听大姑姑的话。告诉她爹爹妈妈都顶感谢她照应你，把你"长了磅"。你要的衣服同书就寄来。

妈妈

在这封给女儿再冰的家信中，林徽因对中日的战争局势仍颇为乐观。不过，她在信中也同时表示了，要是真正打起来，他们也不怕。这是一种淡定从容的态度，事事平常心，故能不惊不恼，坦然面对。当然，这并不是说林徽因与梁思成从不焦虑，他们7月15日才知道"七七事变"爆发的时候，亲友情况未卜，也是很焦急的，当他们得知亲友一切安好，便开始冷静考虑如何面对各种变数。

发现佛光寺的喜悦之情，瞬间被打仗的坏消息冲走了。这样的变故，却让人内心愈发强大。林徽因与梁思成都是行动派。紧急的危机容不得他们沮丧犹豫，局势已经不容他们再继续留在北京了，他们必须果断决定：到哪儿去？何时动身出发？行李如何打包？带不走的东西如何处理？这一切都必须雷厉风行，各种问题都要干脆利落地解决掉。

林徽因与梁思成忙于分类整理家中物品，打包，或送人或卖掉，还有一些不得不扔掉，只剩下必须带走的行李。对此，林徽因在写给费慰梅的信中说："思成和我已经为整理旧文件和东西花了好几个钟头了。沿着生活的轨迹，居然积攒了这么多杂七杂八！看着这堆往事的遗存，它们建立在这么多的人和这么多的爱之中，而当前这些都正在受到威胁，真使我们的哀愁难以言表，特别是因为我们正凄惨地处在一片悲观的气氛中，前途渺茫……"而梁思成又与营造学社的其他同事一起，把珍贵的研究资料整理出来，郑重打包，等待找到一个妥当的地方好好保存。

故都北平，是他们共同生活了那么多年的地方，并且有那么多人与物难以割舍，真是不愿意离开啊。然而，当日本当局下令梁思成组织一个中日友好协会时，情况已经刻不容缓了，他们必须尽快逃离！带着一双儿女还有徽因的母亲，拎着几箱资料与工作用具，另外只随身带了几个铺盖卷与换洗衣服，在 1937 年 9 月 5 日凌晨，林徽因与梁思成依依不舍地离开了北总布胡同三号院。与他们同行的还有金岳霖以及另外两位教授。

他们一路向南，第一站天津，将营造学社的珍贵资料无法带走的部分存入天津租界的一家英国银行的地下保险库。之后，他们从天津港搭乘"圣经"号海轮前往青岛，28 日在青岛换乘火车，30 日至济南，转车又经徐州、郑州，到达武汉。他们在武汉休整了 12 天后，继续向南，直至长沙。这一路上，他们舟车换乘共计 16 次，住店 12 次，而这还仅仅是他们乱世逃难生涯的序幕而已。这样的流亡生涯，在尚未亲身经历战争的太平时节说起，该是多么不可思议啊。然而，亲历其中，就不得不以一颗平常心来面对了。人人都希望平顺安稳，然则困难来临时，即为经受考验与努力修行之时。

烽火长沙老友聚，苦难中，乐观仍继续

林徽因与梁思成携亲友一路向南，辗转奔波。当他们风尘仆仆地到达湘江边的长沙时，已经是10月1日了。从北平迁徙过来的各路知识界的友人齐聚长沙，一时之间，橘子洲头，大师云集。西南联合大学11月1日开学。

韭菜园教厂坪134号刘氏民宅的楼上，是林徽因与梁思成一家在长沙的家。有亲人在的地方就是家。长途跋涉之后，在那里，在三间小屋中，他们很快就布置出了一个家的样子。尽管家当已经非常少了，物质生活各个方面已开始大不如前，林徽因与梁思成依然保持乐观，因为好歹亲人还安然无恙地在自己身边，知交的好友也还在周围。正因为亲好朋友的相互扶持、相互慰藉，长沙的时光仍散发出北总布胡同星期六文化沙龙的光芒：

> 每天晚上我们就去找那些旧日的"星期六朋友"，到处串门，想在那些妻儿们也来此共赴"国难"的人家中寻求一点家庭温暖。在空袭之前我们仍然常常聚餐，不在饭店，而是在一个小炉子上欣赏我自己的手艺，在那三间小屋里我们实际上什么都做，而过去那是要占用整整一栋北

总布胡同三号的。我们交换着许多怀旧的笑声和叹息，但总的来说我们的情绪还不错。

——林徽因致费慰梅、费正清

　　过去北平的北总布胡同三号院星期六沙龙，南移至长沙的韭菜园，老友们除了延续过去的文史哲各类学术话题，更多的是讨论救亡图存的时政，老舍《茶馆》中的"莫谈国事"根本不是他们的风格。这些知识界的精英，在民族危亡的关头，内心充满了悲愤之情，同时又怀有民族必胜的爱国信念。"天下兴亡，匹夫有责。"这句话自古以来就是有识之士的信条。他们聚在一起，唱起了救亡歌曲，相互勉励，共渡国难关头。那样慷慨激昂的情景，亲历之后，终生难忘。几十年后，梁再冰回忆起当时的情形，一一在目，如在昨日，歌声犹在耳边："那时，父亲的许多老朋友们也来到了长沙，他们大多是清华和北大的教授们，准备到昆明去筹办西南联大。我的三叔梁思永一家也来了。大家常到我们家来讨论战局和国内外形势，晚间大家就在一起同声高唱许多救亡歌曲。'歌咏队'中男女老少都有，父亲总是'乐队指挥'。我们总是从'起来，不愿做奴隶的人们'这首歌唱起，一直唱到'向前走，别后退，生死已到最后关头'！那高昂的歌声和那位指挥的严格要求的精神，至今仍像一簇不会熄灭的火焰，燃烧在我心中。"

　　韭菜园那座刘氏民宅紧邻火车站，火车的呜呜声在家中听得

149

一清二楚。一般来说，在战争中，火车站及其周边总是重要的军事轰炸目标，住在那里不是一个很好的选择。然而，这样的选择，是出于战争知识的缺乏，还是出于无可选择的无奈，我们就不得而知了。

果然，11月下旬的午后，他们的住处周边成了日军敌机轰炸的目标。这次轰炸并没有事先警报，故而情形尤为惊险，林徽因在给费慰梅的信中写道：

> 在日军对长沙的第一次空袭中，我们的住房几乎被直接击中。炸弹就落在距我们的临时住房大门十六米的地方，这所房子我们住了三间。当时我们——外婆、两个孩子、思成和我都在家。两个孩子都在生病。没有人知道我们怎么没有被炸成碎片。听到地狱般的断裂声和头两响稍远一点的爆炸，我们便往楼下奔，我们的房子随即四分五裂。全然出于本能，我们各抓起一个孩子就往楼梯跑，可还没来得及下楼，离得最近的炸弹就炸了。它把我抛到空中，手里还抱着小弟，再把我摔到地上，却没有受伤。同时房子开始轧轧乱响，那些到处都是玻璃和门窗、隔扇、屋顶、天花板，全都坍了下来，劈头盖脸地砸向我们。我们冲出房门，来到黑烟滚滚的街上。
>
> 当我们往联合大学的防空壕跑的时候，又一架轰炸机开始俯冲。我们停了下来，心想这一回是躲不掉了，我

们宁愿靠拢一点，省得留下几个活着去承受那悲剧。这颗炸弹没有爆炸，落在我们正在跑去的街道那头。我们所有的东西——现在已经不多了——都是从玻璃碴中捡回来的。眼下我们在朋友那里到处借住。

林徽因在信中所说借住的朋友家，即为清华教授张奚若家。张家的住房也并不宽裕，他们把租来仅有的两间屋子腾出一间，使得徽因与思成一家五口在住处被轰炸后还有一个安身之所。苦难，是一笔财富。苦难，让人看清很多事实真相，更让人看到挚交好友的可贵。或许，当我们独自面对困难的时候，很难一直做到乐观。然而，有亲朋好友的扶持与慰藉，再大的困难，我们都能去乐观面对。

念去去，千里烟波，暮霭沉沉楚天阔

我们已经决定离开此处到云南去……我们的国家仍没有组织到可使我们对战争能够有所效力的程度，以致至今我们还只是"战争累赘"而已。既然如此，何不腾出地方，到更远的角落里去呢。有朝一日连那地方（指昆明）也会被轰炸的，但眼下也没有更好的地方可去了。

——林徽因致费慰梅、费正清

林徽因一家在长沙才安顿下来不久，又要继续踏上流亡之路，这实在是出于局势紧张的无奈。

1937年9月24日，华北重镇保定失守。

11月5日，河南安阳失守。

太原会战，28万国军不敌14万日军，山西沦陷。

淞沪会战，75万国军不敌30万日军，苦战3个月后，11月12日上海失守。

徐州会战，100万国军不敌30万日军，徐州沦陷。

武汉会战，100万国军不敌25万日军，武汉沦陷。

狼烟四起，从北至南烧到湖北之后，湖南长沙就不是久留之地了。

1937年12月，国民政府发出指令，长沙的临时大学往昆明撤退，另行组建国立西南联合大学。

林徽因与梁思成12月8日告别长沙，一家又坐上汽车摇摇晃晃地在山道上向昆明跋涉。出发时，金岳霖、张奚若等友人都来车站送行。这一次不同于上一次从北平出发的旅途，上一次有老金等友人一路和他们一家人同行，这一次却只有他们纯"老弱病残"的五人队伍：孩子们的外婆已年过花甲，宝宝再冰才8岁，小弟从诫才5岁，徽因身患肺结核，思成自从1923年骨折恢复后就一直跛脚。在离别的伤感中，徽因的心中又飘来一团前途未卜的乌云，仿佛沉沉暮霭，在楚天。

在山道上颠簸了一天一夜后，翌日天晴。冬日暖阳照耀下的湘西山川尤为秀美。在京派文学中，林徽因颇为赞赏沈从文的作品，《边城》中描写的湘西风光，早就印在了她的脑海中，而今是亲眼目睹了。秀美的风光，令他们一时忘却了旅途的劳累。而令他们感到喜悦的不仅仅是大自然的山明水秀，更是好友亲人的接待。沅陵县城，正是沈从文大哥的居住地，沈从文事先已经交代好大哥好好招待他的朋友。当时，沈从文的三弟也刚从前线回家养伤。沈家兄弟非常热情好客，准备了一大桌特色湘西菜招待远道而来的客人。他们家的特色湘西菜有：蒜苗炒腊肉、鲜鳜鱼、蕨菜等等。此外，还有新鲜山茶和山中产的干鲜果子。沈家的精致小楼坐落于城郊山坡上，廊下视野极好。徽因一家与沈家兄弟在廊下闲谈许久，放眼望去，沅陵县城的风光尽收眼底。流亡半途中有这样一个温暖的所在，真是徽因等人心中的美好回忆，无论走到多远，也无论走了多久，那回忆一直在召唤着他们故地重游。正因为有了这个温暖的"加油站"，徽因的内心乌云散去，明朗乐观起来。

> 说到打仗你别过于悲观，我们还许要吃苦，可是我们不能不争到一种翻身的地步。我们这种人太无用了，也许会死，会消失，可是总有别的法子。我们中国国家进步了，弄得好一点，争出一种新的局面，不再是低着头的被压迫着，我们根据事实时（是）有时很难乐观，但是往大处看，抓紧信心，我相信我们大家根本还是乐观的。
>
> ——林徽因致沈从文

人生总是要经历一次又一次的告别。告别了沈家兄弟温暖的"加油站"，林徽因一家五口继续向昆明进发，前方还有很多坎坷等着他们去接受考验。到达湘黔交界处的晃县时，徽因的肺病又爆发了，她高烧40度不退。于是，一家人在晃县着急地寻找医生治病，寻找住宿的地方休息养病。万万没想到的是，前方道路受阻，导致很多旅客滞留在那个小县城，县城里的旅店都爆满了。他们无处投宿，凄惶不已。

　　流亡途中那种凄惶的情境，留在了年幼的梁从诫心中，多年以后依然清晰记得："汽车晓行夜宿，几天以后，在一个阴雨的傍晚，到达一处破败的小城——湘黔交界处的晃县。泥泞的公路两侧，错落着几排板房铺面，星星地闪出昏暗的烛火。为了投宿，父母抱着我们姐弟，搀着外婆，沿街探问旅店。妈妈不停地咳嗽，走不了几步，就把我放在地上喘息。但是我们走完了几条街巷，也没能找到一个床位。原来前面公路坍方，这里已滞留了几班旅客，到处住满了人。妈妈打起了寒战，闯进一个茶馆，再也走不动了。她两颊绯红，额头烧得烫人。但是茶铺老板连打个地铺都不让。全家人围着母亲，不知怎么办才好。"(《长空祭》)

　　在凄凄惶惶中，他们听见了悦耳的小提琴声从一家小旅馆中传来。思成当时冷静地推断："这拉琴的人一定是来自北京或上海。"于是敲了敲琴声传来的那间屋子的门。于是梁家结识了空军航校八位年轻的飞行员，听说了林徽因的病况以及无处投宿的窘况之后，他们将自己的房间腾出一块空间来供梁家五口住宿。

1938 年，昆明，林徽因与众友人合影

更万幸的是，困在此地的外地人中，有一位在日本行医归国的女大夫，开了一个药方，药方上的中药都是在那个小地方能买到的。于是，在那间小屋里，喝着中药，林徽因躺了两个星期，高烧才勉强退去。从那以后，林徽因、梁思成与八位空军学员结下了深厚的友谊，后来他们一直保持联系。学员们从空军航校毕业时，梁氏夫妇还作为名誉家长出席了他们的毕业典礼。

退烧后，林徽因与家人又继续上路。他们与其他乘客总共27 人挤在一辆 16 座的小破中巴车上，颠簸着前行。夜半，这辆小破车还罢工了，因为没有汽油了，而且它罢工的地方还是以土匪出没著称的"七十二盘"。夜黑风高，正是寒冬里最冷的时候，他们只好摸索着寻找住处。这一次，他们又幸运地遇到了好心人——一户悬崖边上的人家打开了温暖的家门收留他们过夜。

路途再艰难，诗人的双眼仍会发现旅途中的美景，并向友人一一道来：

> 此后，又有关于这些破车、意外的抛锚、臭烘烘的小客栈等一个又一个插曲。间或面对壮丽的风景，使人比任何时候都更加心疼。玉带般的山涧、秋山的红叶和发白的茅草，飘动着的白云、古老的铁索桥、渡船，以及地道的中国小城，这些我真想仔细地一桩桩地告诉你，可能的话，还要注上我自己情绪上的特殊反应。
>
> ——林徽因致费慰梅、费正清

泪下笔，伤别离，温柔中坚强

当林徽因一家五口人在长沙坐上开往昆明的汽车时，他们预想的是"十天艰难的旅程"，没想到最后竟是差不多六个星期的艰难旅程。1938年1月中旬，在经历了各种意想不到的"插曲"的考验之后，他们才到达春城昆明。

"春城无处不飞花。"昆明这个城市，位于北纬亚热带，夏无酷暑，冬无严寒，一年四季花开常在，绿树常青。这个城市是一个宜人的所在，当地人一直过着闭塞保守的平静生活，但由于抗战，突然间在本地多出来那么多外地人之后，城市仿佛拥挤起来，物价也上涨不少。于是逃难者与当地居民就产生了一些隔阂。

在昆明这座春城，林徽因一家在翠湖边上的止园租住了一家黄姓人家的屋子。这座屋子位于巡津街的尽头，曾为昆明前市长的旧宅。梁家的两个孩子先是在附近的恩光小学上学，后来转学至许地山办的两广小学。

最开心的是老友的重聚。好友当中，先是张奚若来了，然后金岳霖也来了，接着朱自清、赵元任、李济、梁思永也都来了。徽因在给费氏夫妇的信中说："我喜欢听老金和奚若的笑，这多少帮助了我忍受这场战争。从这里可以看出，我们毕竟还是同一类人。"

在昆明，林徽因与梁思成一起为西南联大设计校舍，并为他们自己设计了住房，那是他们一生中唯一一次为自己设计的住房，他们的建筑学知识发挥了作用，然而其中还有很多说不清的辛酸。

他们在湘黔交界处认识的那八位空军航校学员，在昆明，又有很多后续故事……

无论在哪里，生活都是一场修行，更何况乱世的纷繁复杂？在不慌不忙中，安安静静地，温柔地坚强，没有什么困难是不能克服的。

忍泪执笔，春城校园草房起

1938 年，西南联合大学又在昆明重新组建起来。联大常委梅贻琦几次登门，专门邀请梁思成与林徽因夫妇为联大设计校舍，他们对于这个任务欣然接受。

多年的学院素养，再加上扎实的考察实践经验，以及在东北设计校舍的经验，徽因与思成"胸有成竹"，完美的大学蓝图在他们的心中清晰可见。构思明确后，便是精准的下笔绘制了。半个月后，第一套设计方案"新鲜出炉"了，那是当时中国第一流的现代化大学校舍设计方案。这样的方案令人看了对将要建成的

林徽因与儿女在昆明郊区

实体校园心驰神往，然而，不幸的是，该方案非常迅速地被否决了。原因简单而令人无奈——西南联大的建校经费不足。

《平津沪战区专科以上学校整理方案》，这是1937年，国民政府教育部根据战争局势的现状拟定的应急方案。在方案中，给重新组建的西南联合大学的政府财政拨款，只有"北大、清华两校预算及南开原有补助四成"。四成是少了，但如果这四成拨款能够及时如数到位，那情况也还稍微好一些。然而，这严重缩水的拨款还要经常拖欠，使得各位教职员工养家糊口的"月俸"都没有保障，高楼大厦的校舍也就只能是纸上谈兵了。

收起高楼大厦的梦想，徽因与思成的方案又一次次地被迫修改，因为图纸上校舍的标准对于残酷的现实来说还是实在太高：高楼换成了矮楼，还是不行！矮楼换成了平房，砖墙换成了土墙——这回是差不多了，但是还要修改一些细节——资金有限，青瓦只能用于建造图书馆的屋顶，铁皮只能用于建造部分教室和校长办公室的屋顶，其余建筑只能以茅草覆顶……每一次修改，徽因都痛心不已地流泪。而到了最后，思成已经忍无可忍，抛下谦谦君了的和气面孔，冲进梅贻琦的办公室，将设计图纸重重地拍在桌上，对他吼道："改，改，改！从高楼到矮楼，又到茅房，还要怎么改？"

谦和有礼，这是梁思成给人的一贯印象。此时的他，已经全无往日的常态。梅贻琦也是明察事理之人，他理解思成，知道思成的发火是对事不对人，这"大火"是因国民政府压缩教育经费并且拖欠而起的，并非冲着他自己。于是梅贻琦长叹一声，起身像安慰耍性子的小孩子一般，心平气和地劝解思成："思成啊，大家都在共赴国难，以你的大度，请再最后谅解我们一次。等抗战胜利回到北平，我一定请你为清华园建几栋世界一流的建筑物，算是对今天的补偿，好吗？"思成望着梅先生温和而坚毅的目光，禁不住泪流满面。

自从第一个方案出炉后，又过了一个月，方案几经修改，虽然每次修改都令徽因与思成为教育经费的缩减而心寒，但是方案最终还是修改定稿了。新的城市，新的校园，百废待兴，被战争打乱了的教育秩序正待重建。新校舍很快建好了，图纸变成了现实：坐落在荒山野地的新校园，放眼望去，平房一片，其中大部分都是草房，只有图书馆与两个食堂是瓦房，以及教室是铁皮房。不光学生宿舍与各类办公室是草房，就连几位因职务关系住校的学校领导，住的房子也不比学生宿舍好多少。

"屋中瓦顶未加承尘，数日来，灰沙、杂屑、干草、乱叶，每次风起，便由瓦缝千百细隙簌簌落下，桌椅床盆无论拂拭若干次，一回首间，便又满布一层，汤里饭里随吃随落。每顿饭时，咽下灰土不知多少。"梅贻琦的日记，展现了当年联大办学客观条件的艰苦。

深情厚谊，空军学员亲如弟

林徽因与梁思成一家人在昆明安顿下来后，曾经在晃县给予他们帮助的那八位空军航校飞行员也从学校毕业，正式加入空军为国作战。这八位年轻人都来自沿海大城市，抗战前，他们投笔从戎考入空军航校。他们的父母以及其他亲人都还在沦陷区，在昆明没有其他亲友，他们就把林徽因与梁思成一家人当成自己的家人，每到周末就到梁家来相聚。他们把徽因当成自己的姐姐，倾诉心中的种种想法。此外，徽因的同父异母弟——三弟林恒也来到了昆明，成为这八位飞行员的学弟，徽因一家与他们的关系就更加密切了。举行毕业典礼时，林徽因与梁思成还受他们邀请作为"名誉家长"出席。

毕业典礼那天，仪式刚刚结束，防空警报就骤然响起，持续多次。最后一次警报后，23架菲亚特式轰炸机分两批大举突袭，向空军航校地面停驻的飞机进行猛烈轰炸。这是刚毕业的飞行员第一次直面敌人。他们的飞行员朋友高中尉，勇敢地击落了一架敌机，并追击其余的敌机直至广西边境，然而没能挽回败局。

高中尉所驾飞机油量表坏了，不知燃油耗尽，只好做了迫降。他第三天早上才坐车回来。

直到第三天早晨，他才乘一趟慢车回到昆明。在他失踪的两天两夜里我们都睡不好觉，但又看到他，只是下巴受了点轻伤，真是喜出望外。我们了解到这次空战的一手消息及结果，而全城对此都还浑然不知。

这八个孩子士气很高、心地单纯，对我们的国家和这场战争抱着直接和简单的信心，他们的身体都健康得叫人羡慕。他们所受的训练就是让他们在需要时能够不假思索地使用自己的技能并献出自己的生命。他们个个都沉默寡言。

不知怎么，他们以一种天真的孩子气依恋着我们。我们之间产生了很深的亲情。他们来看我们或给我们写信，我们好像是他们的家里人。其中很多人去了前线。有的则在昆明保卫着我们的生命。有一位我告诉过你的，小提琴拉得很好，人特别可爱。最近决定要结婚了。不要问我如果他结了婚又出了事，他的妻子会怎样。我们就是无法回答这类问题。

在往后的短短几年中，抗战尚未结束，这批飞行员一个个都在与日寇的空战中牺牲了，无一幸免。他们为国捐躯后，部队总是把相关的遗物寄到梁家来，每一次收到，徽因都肝肠寸断，悲痛地大哭一场。这样的情况太多了，到后来，徽因已经重病卧床，无法承受那样大的情绪波动，思成收到部队邮寄来的飞行员遗物后，就赶紧偷偷地藏好，不让她知道，以免她哀伤过度。后来，徽因的三弟林恒也和他的学长们一样为国捐躯了。思成将他的遗物偷偷带回家，藏在箱底，最终还是被徽因发现了，她是何等的伤心自不必说。直到三年后，她痛定思痛，写下了《哭三弟恒》：

弟弟，我没有适合时代的语言
来哀悼你的死；
它是时代向你的要求。
简单的，你给了。
这冷酷简单的壮烈是时代的诗，
这沉默的光荣是你。

……

可能的情爱，家庭，儿女，及那所有
生的权利，喜悦；及生的纠纷！
你们给的真多，都为了谁？你相信

今后中国多少人的幸福要在

你的前头，比自己要紧；那不朽

中国的历史，还需要在世上永久。

你相信，你也做了，最后一切你交出。

我既完全明白，为何我还为着你哭？

只因你是个孩子却没有留什么给自己，

小时我盼着你的幸福，战时你的安全，

今天你没有儿女牵挂需要抚恤同安慰，

而万千国人像已忘掉，你死是为了谁！

　　这首诗的标题虽然说是写给三弟林恒的，但是我们从"你们给的真多"这一句来看，就可以看出，林徽因悼念的不仅仅是自己的亲兄弟，她悼念的至少还包括那八位年轻的空军飞行员。她悼念的这些最可爱的军人，给的不仅仅是"可能的情爱，家庭，儿女，及那所有生的权利，喜悦"，还有"生的纠纷"，为了国民的幸福安宁，他们全都献出去了。"生的纠纷"这一句，显示了诗人林徽因对人生的透彻认识——除了喜悦，还有种种烦恼——悲喜交加。罗曼·罗兰说："生活中只有一种英雄主义，那就是在认清生活真相之后依然热爱生活。"林徽因正是抱着这样的英雄主义来经营自己的生活的吧。

　　"而万千国人像已忘掉，你死是为了谁！"这竟一语成谶。林

1936年，林徽因与女儿再冰、三弟林恒合影

恒的遗物中有一把短剑，上面刻有"蒋中正赠"字样，那是每一名毕业的空军学员都获赠的纪念礼物。这件遗物一直在梁家压箱底珍藏，在几十年后的"文革"中，被红卫兵抄家翻了出来，又给"反动学术权威"梁思成添上了莫须有的罪名。在那个特殊的时代，烈士的遗物被污名为通敌的罪证，真是令人叹息又无奈！

琐碎日常，温柔安静中坚强

温柔要有，但不是妥协，我们要在安静中，不慌不忙地坚强。

——林徽因

1938年初，昆明巡津街9号，林徽因与友人嬉闹

1938年，昆明西山华亭寺，（左起）周培源、梁思成、陈岱孙、林徽因、梁再冰、金岳霖、吴有训、梁从诫合影

在昆明的宜人气候中，在止园的绿树繁花中，一时间，徽因与家人又感受到了太平时节的安宁。此外，这座春城明媚的阳光，还令徽因回想起了诗意迷人的意大利。金岳霖在从长沙到昆明与梁家相聚后不久，就给费氏夫妇写信描写他在春城见到的人与事，在讲到徽因时，他说："依然那么迷人、活泼、表情生动和光彩照人——我简直想不出更多的词汇来形容她。唯一的区别是，她不再有很多机会滔滔不绝地讲话和说笑，因为在国家目前的状况下，实在没有多少可以讲的，也没有什么值得笑的。"

然而，那安宁只是暂时的，日寇敌机的轰炸从长沙又跟到昆明来了。1939 年，林徽因一家为了躲避轰炸，把家搬到了昆明郊区的麦地村，借住在兴国庵中。

在北平北总布胡同三号院的时候，徽因向好友费慰梅抱怨自己是孩子、母亲、佣人等十个人的囚犯，事事都要她定夺，让她没法专心绘图或者写作。然而到了昆明，物价飞涨，营造学社的资金来源很成问题，家庭的经济来源又没有保障，徽因就不得不亲自操持所有的琐碎的家务，同时还帮忙营造学社的研究事务。每天起床后，徽因就开始打扫卫生，然后上街买菜，回家做饭，饭后又要洗洗刷刷，期间还要照顾孩子、母亲和丈夫，三餐连轴转，没有一点空闲时间，从早忙到晚，一天忙下来的她，最后是浑身痛得爬上床，来不及思考别的问题。

一天三餐围着家人转，忙得没有时间做别的任何事情，这或许对其他一般的全职家庭主妇来说很正常。但是，林徽因从小生

1938、1939 年间，昆明西山，林徽因与王蒂澂（左）、陈意（右）合影

活在富贵之中，抗战之前，从未需要为生存操心过，只需要把注意力放在自己的学业和事业上，她有自己的主业建筑，又擅长自己的副业文学。虽然在婚后她也尽职尽责地照顾家人，但之前那样的生活一直有佣人帮忙，比如外出采买、打扫卫生、洗洗刷刷之类的琐屑家务，她只需要统筹安排佣人去做就好了。当他们一家踏上抗战的流亡生涯之后，繁重的家务就开始需要她亲自操持了。虽然徽因生在富贵当中，但是她并不是娇生惯养的"温室花朵"，良好的家教令她从小就比较独立，从事建筑研究后的实地调研，又让她接触到底层社会的生活。所以，当抗战流亡生涯开始后，生活水平的巨大落差并没有击垮她，而是让她更加坚强，成为家庭的重要支柱。

抛下名门之后的光环，放下名媛淑女的架子，亲自洒扫除尘，亲自上街采买，这对徽因来说并不是什么丢脸的事情，而是最接地气的生存勇气，是她在安安静静而又温柔淡定地坚强生活。此情此景，不禁令许多在昆明亲眼目睹的人产生今昔之感，并为之感到钦佩与感动。此外，就连身在敌占区上海的李健吾听说此事之后，也感慨万分："有人看见林徽因在昆明的街头提了瓶子打油买醋。她是林长民的女公子，梁启超的儿媳……他们享受惯了荣华富贵，如今真就那样勇敢，接受了上天派给祖国的这份苦难的命运？"（李健吾《林徽因》）

1940年春天，林徽因一家再次搬家。这一次是搬到离昆明市区更远的龙泉镇龙头村，并且搬入自己建造的新房子，这是两位建筑师一生中唯一给自己设计、建造的房子。那是在桉树丛中的三间屋子，并于简朴中尽可能地设计得漂亮。然而，建造他们的新家几乎花光了所有的积蓄，因为物价一直在疯涨。徽因在此后给费氏夫妇的信中说："现在我们已经完全破产，比任何时候都惨。米价已涨到一百块钱一袋，我们来的时候才三块四。其他东西的涨幅也差不多。今年我们做的事没有一件轻松的。我把我们在做什么和我们的境况告诉你们，很不好意思。"此外，这座辛辛苦苦建造起来的新家，他们一家人只住了大半年，就被迫在当年冬天的时候弃之不顾，重新收拾行装，向着四川奔波而去了。

除了需要应对日常家务的琐事以及疯涨的物价，徽因还要应付自己亲爱而又麻烦的老母亲。她们是最亲的亲人，彼此之间是深深的血脉之情。但是，正如我们总是对陌生人报以微笑，不会对陌生人随便生气，却总会把自己最急躁的一面展现在最亲近的人面前，故有"求全之毁，不虞之隙"。徽因就是这样，在与自己的母亲相处过程中，有时候就很难保持平和的心态。在昆明的时候，老金在给费正清的信中，就理性客观地分析了这对母女"至亲至疏"的关系：

> 她属于完全不同的一代人，却又生活在一个比较现代的家庭中，她在这个家庭中主意很多，也有些能量，可是完全没有正经事可做，她做的只是偶尔落到她手中的事。她自己因为非常非常寂寞，迫切需要与人交谈，她唯一能够与之交流的人就是徽因，但徽因由于全然不了解她的一般观念和感受，几乎不能和她交流。其结果是她和自己的女儿之间除了争吵以外别无接触。她们彼此相爱，但又相互不喜欢。我曾经多次建议她们分开，但从未被接受，现在要分开不大可能。

生活再艰难，也要微笑面对。局势再动乱，也要坦然从容。在至亲至爱的人身上，缺点再多，我们也会不离不弃，相守在一起。对于人生之路，我们所要做的，就是怀着一颗温柔的心，在安静中，不慌不忙地坚强。

苦中乐，信念存，莲灯亮竹林

　　林徽因与梁思成在他们的新家才住了半年，又再次被迫踏上迁徙的旅途。这一次是西南联大继续留在云南昆明，而营造学社要跟随上级主管单位中央研究院历史语言研究所一起迁往四川古镇李庄。

　　离别总是伤感的。这次不仅仅是要离开刚刚产生感情的居所，更是要与金岳霖、张奚若、钱瑞升等老友离别，因为他们还要留在昆明的西南联大。这一次的离别，伤感倍加。

西南联大时期，金岳霖（右一）与周培源（左一）、陈岱孙（左二）、朱自清（右二）等人郊游

与老友别，伤感倍加也就罢了，临行前思成居然脚趾染上了破伤风，必须先行治疗，暂缓出发。于是乎，伤感之上又添担忧的徽因，只得拖着沉疴之躯，带着年迈的母亲以及年少的儿女踏上旅途。这样悲伤的画面，就上演在1940年11月29日。幸运的是，同行者还有营造学社的同事刘敦桢及其家属。

四川南溪县的李庄，是长江边的第一古镇。他们的迁徙之路却需要先行旱路，在拥挤的卡车中一路颠簸，在寒冷的冬天穿越大山，耗时两个星期才到达。

在李庄的时光，是林徽因与梁思成一生中最艰难的岁月。在那样的岁月中，他们相濡以沫，安守本业，在灰暗的底色中有时也会开出桃花的明亮心情，那是源于他们心中的阳光一直都在，事业的灯塔长明。心中开出一朵莲花，正中捧出一盏明灯，照亮在风雨如晦的蜀乡竹林。

自助者，天必助之，人必助之。

安贫修心，苦中作乐——李庄的修行时光

在李庄，中国营造学社安顿于镇外两里的上坝村月亮田，居所是一户张姓人家的大院。院落呈L形，容纳了房东一大家、思成一小家、学社的办公室及宿舍。虽说住得有点拥挤，但院落傍山临水，周边竹林果树茂密美丽。居住环境的景色是喜人的。然则蜀犬吠日，说明四川的阳光多么难得。徽因从未根治的肺病在

当地潮湿的气候中又复发了。她只能卧病在床，日渐消瘦。而思成的脊椎软组织灰质化也愈发严重，不得不以金属马甲支撑上半身，他也日渐消瘦，体重仅剩90多斤。

他们一家来到李庄的时候，没想到一住就是五年，并且很多时候过着一贫如洗的艰难生活。因为乱世之中，物价飞涨，而营造学社的资金来源又很成问题，所以梁家陷于极度贫困之中。一代才女林徽因执笔的手，在病中愈发瘦削，还要捏起针线，时常给家人缝缝补补。而孩子们的双脚，只有冬日才能穿上布鞋，其他时候都只能穿草鞋。这一双可爱的儿女，昔日在北平，衣食无忧，这时却常常要忍受饥饿的考验。有不少时候，为了换取果腹

1943年，四川李庄家中，林徽因在病榻上

四川李庄，卧病在床的林徽因与她的儿女

173

的食物，思成只得将家中仅剩的几件稍微值钱的物品拿去典当。每当这个时候，思成只好乐观地对孩子们说："把这只表'红烧'了吧。""这件衣服可以'清炖'。"

在贫寒的生活中，林徽因与梁思成相濡以沫。他们最大的快乐是给知己费氏夫妇写信。而邮资对于他们当时的生活水平来说，是一笔很奢侈的开销，所以，在一个信封中，他们总是尽量塞进好几封不同时间写的信，写信所用的纸参差不齐，字写得密密麻麻的，绝不肯浪费一点儿空地。

"晚食以当肉，安步以当车。"自古以来的清廉君子，皆以此自勉。在李庄，徽因与思成省吃俭用，坚守自己的事业，安贫乐道，在生活与工作中修行。有朋自远方来，不亦乐乎？在清贫的生活中，他们平常都舍不得开荤，然而有远道而来的客人光临时，生蛋的鸭子他们也毫不惋惜地烹了待客。

林徽因在信中向费正清讲述李庄来客：

李约瑟教授刚来过这里，吃够了炸鸭子，已经走了。开始时人们打赌说李教授在李庄时根本不会笑，我承认李庄不是一个会让客人过度兴奋的地方，但我们还是有理由期待一个在战争时期不辞辛苦地为了他所热爱的中国早期科学而来到中国的人会笑一笑。终于，在这位著名教授和梁先生及夫人（当时卧病在床）见面时露出了笑容。他说他非常高兴，因为梁夫人的英语竟有爱尔兰口音。而我从不知道英国人对爱尔兰还有如此好感。据说最后一天下午，在中央博物院的院子里受到茶点招待时他更为活跃。可见英国人爱茶之甚。

有人开玩笑说，梁思成成功地使平时有嫌隙的陶孟和博士（中国资深社会学家、中研院社会研究所所长）与傅斯年博士（活跃的人文主义者、中研院历史语言研究所所长）在李约瑟的演讲会上当众握手言和，应当获诺贝尔和平奖。这件事因为在大庭广众下发生，更具戏剧效果，它刚好在李教授在中央研究院大礼堂作讲演之前那一刻发生的。据报道，许多人暗自为这件事鼓了掌。李济博士走上前去和梁思成握了手，并且私下说要授给思成诺贝尔和平奖。后来梁夫人写信给在重庆的费正清博士，叫他放心，人类总的来说还是大有希望的。

这次和解的基本工作还得归功于某位人士。这位人士有拼命卷入别人是非的癖好，而且人尽皆知。

在读了托尔斯泰关于1805年到1812年在莫斯科和圣彼得堡之间的各色人等的详尽描写之后，我必须承认，在1922年和1943年之间，李庄、重庆或昆明、北平、上海的各种人物，与《战争与和平》中所描写的一个世纪以前，甚至在遥远的俄罗斯的人们是何等地相似。所以，为什么不让他们都和解呢——我指的是一般意义上的生活和人。

这位光临李庄的贵客李约瑟，是研究中国古代科技史的英国生化学家，当时他以英国驻重庆大使馆战时科学参赞的身份访华。他的来到，给李庄单调艰苦的生活带来了和平与欢乐。

从徽因的信中，我们还可以看到，李庄表面看似单调的生活底下，竟也包含了各色人物的悲欢离合，像托翁的《战争与和平》。

生活再艰难，也不忘初心。在充满希望的心中，苦难便是最好的修行。

奔走筹资，苦心经营——永不灭的理想之光

理想是美丽的，现实往往很残酷。当理想不能给予现实当有的物质保障时，很多人都放弃了最初的梦想，随波逐流，为五斗米折腰。正因如此，坚持理想、保有梦想的人，才令人敬佩。其实他们才是最幸福的人。

屋漏偏逢连夜雨。在李庄，中国营造学社的资金难以为继，各项工作依然繁重。这时，梁思成的重要"战友"刘敦桢却递上辞呈，要另谋生路了。徽因在信中对费氏夫妇说："刘先生是一个非常能干、非常负责任的人。全部的账目都由他负责，连思成应付不了的琐碎杂事也交给他管。现在这些工作全要落在思成肩上了！……这不打紧，如你们所知，自从我们南迁以来，营造学社里的同仁一共只有五个。现在刘先生一走，大家很可能作鸟兽

散。"最终，刘敦桢还是辞别了营造学社。徽因一直伴着思成在坚守，因为那是他们热爱的事业。他们一辈子醉心其中的中国古代建筑，是一盏永不灭的理想之灯，荧荧地放出暖人的光芒，照亮了抗战流亡生涯中灰暗艰苦的生活。

此前，无论是一开始的北平出逃，还是后来的长沙转迁昆明，昆明转迁李庄，徽因与思成一家的个人物品不知舍弃了多少，尽管它们"建立在这么多的人和这么多的爱之中"，仍难逃痛惜又狠心"弃之不顾"的命运。与此形成鲜明对比的是，无论千万里如何辗转奔波，也无论流亡的生涯多么困难与艰辛，营造学社的珍贵的研究资料，除了已经存入天津一家英国银行地下保险库的部分以外，他们都一直随身携带，精心保管。这些资料有很多都是思成、徽因与营造学社的同仁们一起在各地考察时，一路积累起来的，其中包括数量庞大的照片、实测草图、数据、文字记录等等。他们存入银行地下保险库的资料是不便于携带的照片底版、珍贵的文献、图册。除了这些不便于携带的部分资料，他们一路"负重前行"，这"重"是他们事业之重。他们不顾一路艰辛地背负这些资料，为的就是不论局势如何，也不论自己个人的物质生活如何，他们都能随时根据手头的资料展开研究工作，那才是他们最看重的东西，最珍重的理想。

战火纷飞，路途坎坷，在走了那么多的路，路上又经历了各种糟糕的天气之后，他们随身携带的研究资料仍安然无恙，可见他们是多么地珍视这些资料，保管时又是多么地小心翼翼。可是，那些存放在天津租界英国银行地下保险库的资料，他们原本十分放心，认为那里安全无比，却没想到1939年天津洪水爆发，银行的地下室也在劫难逃，存放在里面的资料几乎全部"罹难"。战乱年代，消息不畅，这样惨痛的消息，直到两年之后才传到李庄，徽因与思成听说后心痛不已，失声痛哭。

在北平的时候，中国营造学社有朱启钤保障的稳定资金投入，思成只要做好自己的考察与研究工作即可。在李庄，营造学社的资金严重缩水，而且经常没有保障。在这样的情况下，思成不得不奔走于李庄与重庆之间，为学社谋求政府的资助。

从李庄到重庆，是一条艰难外加耗时的路，行此路者要在江上坐船颠簸好几天。作为战时的陪都，当时的重庆混乱又拥挤。思成每次到重庆筹资，到达之后，要先去中央研究院招待所报到。招待所为各地前来重庆办事的研究员提供了落脚的地方，但是条件也很艰苦。一张张床铺挤在两大间集体宿舍中，这就是所谓的招待所，床位还常常爆满。时在重庆的费正清与梁思成相聚时，也"见识"过该招待所，他向爱妻费慰梅描述之："高级知识分子生活在落难状态中，被褥、锅碗瓢盆、孩子、橘子和谈话喧闹声乱成一团。这是一个贫民窟，但又住满了受过高等教育的专家，真是一个悲喜剧的好题材。"尽管招待所的条件恶劣，它好歹为旅人遮风避雨，更为他们提供了知己好友相聚的场合。

在李庄，思成出差筹款的时候，徽因一边在病中忙着家务，一边帮忙营造学社的日常事务，还一边静心读书研究资料。等思成从陪都回来，他们又一起交流自己的所得，一起研究中国建筑史资料。在李庄，他们一一打开视若生命的资料，与营造学社的同仁们一起，系统而全面地整理归纳他们先前的考察成果，开始撰写《中国建筑史》。与此同时，思成的《图像中国建筑史》也在用英文撰写着，因为他们希望中国建筑的研究成果能够被国际建筑学界了解与认可。

行洁心正，天助人助——傅斯年的出手相助

自助者天助。德高者落难，必有热心人出手相助。

在李庄，尽管物质生活艰苦清贫，病魔又时常来找徽因与思成的麻烦，他们依然没有放弃自己的建筑事业，依然在呕心沥血地排除万难继续研究。即使在病床上，徽因也依然帮助思成查阅典籍。她潜心研读海量的汉代史学文献，为的是帮助思成研究汉阙、岩墓。此外，她还将一批英国建筑学期刊上的学术论文翻译成中文，并准备撰写民用住宅为主题的相关论文，因为她颇有远见地断定，即将到来的战后修复工作，民用住宅将成为一个重要问题。思成脊椎一直不好，穿着金属马甲。研究著述，注定了长时间的伏案工作，这对正常的脊椎健康损害就已极大，更何况思成那样的状态。然而这只不过是他事业之路的一点小障碍，稍微用心，便可克服。思成在伏案工作的时候，胸前的桌边立着一只花瓶，用以支撑他的下巴，给他的脊椎减轻负担。画图的时候，

他还要不时地调整花瓶的位置，其中的艰辛，自不必说。

在李庄的艰辛生活，前来探望的费正清都一一看在眼里，他对费慰梅说："倘若是美国人，我相信他们早已丢开书本，把精力放在改善生活境遇上去了。然而，这些受过高等教育的中国人却能完全安于过这种农民的原始生活，坚持从事他们喜爱的工作。"

林徽因与梁思成的婚姻，不是以经济为纽带，不是以政治为纽带，更不是仅仅以孩子为连结的纽带。他们的婚姻，是同甘共苦，是奋斗目标的一致，是价值观的一致，是精神的共同成长，更是事业理想的共同追求。在李庄，物质生活再艰辛，只要能够一起研究他们毕生热爱的建筑，他们便是快乐的。思成在写给知己费氏夫妇的信中说："我的工资只够家人吃，但能过这样的好日子，我们已经很满意。我那迷人的病妻，因为我们仍能不动摇地做我们的工作而感到宽慰。"

他们这样清正的品德，安贫乐业的执着精神，感动了与他们向无深交的傅斯年。傅斯年出于一片热心，写信给朱家骅，请其帮忙向政府为思成与思永申请资助，全信如下：

骝先吾兄左右：

兹有一事与兄商之。梁思成、思永兄弟皆困在李庄。思成之困，是因其夫人林徽因女士生了 T.B，卧床二年矣。思永是闹了三年胃病，甚重之胃病，近忽患气

180

管炎，一查，肺病甚重。梁任公家道清寒，兄必知之，他们二人万里跋涉，到湘、到桂、到滇、到川，已弄得吃尽当光，又逢此等病，其势不可终日，弟在此看着，实在难过，兄必有同感也。弟之看法，政府对于他们兄弟，似当给些补助，其理由如下：

一、梁任公虽曾为国民党之敌人，然其人于中国新教育及青年之爱国思想上大有影响启明之作用，在清末大有可观，其人一生未尝有心做坏事，仍是读书人，护国之役，立功甚大，此亦可谓功在民国者也。其长子、次子，皆爱国向学之士，与其他之家风不同。国民党此时应该表示宽大。即如去年蒋先生赙蔡松坡夫人之丧，弟以为甚得事体之正也。

二、思成之研究中国建筑，并世无匹，营造学社，即彼一人耳（在君语）。营造学社历年之成绩为日本人羡妒不置，此亦发扬中国文物之一大科目也。其夫人，今之女学士，才学至少在谢冰心辈之上。

三、思永为人，在敝所同事中最有公道心，安阳发掘，后来完全靠他，今日写报告亦靠他。忠于其职任，虽在此穷困中，一切先公后私。

总之，二人皆今日难得之贤士，亦皆国际知名之中国学人。今日在此困难中，论其家世，论其个人，政府似皆宜有所体恤也。未知吾兄可否与陈布雷先生一商此事，便中向介公一言，说明梁任公之后嗣，人品学问，皆中国之第一流人物，国际知名，而病困至此，似乎可赠以二、三万元（此数虽大，然此等病症，所费当不止此也）。国家虽不能承认梁任公在政治上有何贡献，然其在文化上之贡献有不可没者，而名人之后，如梁氏兄弟者，亦复甚少！二人所做皆发扬中国历史上之文物，亦此时介公所提倡者也。此事弟觉得在体统上不失为正。弟平日向不赞成此等事，今日国家如此，个人如此，为人谋应稍从权。此事看来，弟全是多事，弟于任公，本不佩服，然知其在文运上之贡献有不可没者，今日徘徊思永、思成二人之处境，恐无外边帮助要出事，而此帮助似亦有其理由也。此事请兄谈及时千万勿说明是弟起意为感。如何？乞示及，至荷。专此

敬颂

　　道安

　　　　　　　　　　　　　　　弟斯年谨上

　　　　　　　　　　　　　　　四月十八日

　　弟写此信，未告二梁，彼等不知。

　　因兄在病中，此写了同样信给泳霓，泳霓与任公有故也。弟为人谋，故标准看得松。如何？

　　　　　　　　　　　　　　　弟　年又白

此信过后，傅斯年又重修书若干，再三恳请朱家骅施与援助，并致信当时远在美国的胡适，也请其帮忙筹款。虽然史料目前尚未发现明确记载傅斯年的救援成果，但从间接的材料来看，此后思成与徽因的生活是有所改善了。这正所谓，行洁心正，天助人助。

路转角，爱仍在，初心永不改

　　林徽因高尚的品德，不仅体现在艰难生活中对建筑事业的执着，还体现在她在民族危亡时刻的气节。且不说在北平尚未出逃的时候，徽因与思成扼杀了日本人拉拢他们的企图。在流亡的岁月中，战争形势最为激烈危急的时刻，梁从诫曾经问过母亲，万一日本人攻破四川来到家门前怎么办？徽因认真地说："中国念书人总还有一条后路嘛，我们家门口不就是扬子江吗？"徽因的意思是，如若在日军进犯凌辱的危急时刻，她一定会宁死不屈，绝不忍受敌人的侮辱，更不会当汉奸走狗。

　　历史的车轮滚滚向前，正义最终战胜邪恶。勤劳勇敢的中国人民，最终战胜了妄图征服华夏的日本鬼子。1945 年 8 月 15 日，日本侵略者宣布无条件投降。在这场长达八年的抗日战争中，中国军民以 3500 万的伤亡人数，击败了凶狠的日本侵略者，日军的伤亡人数为 150 万。尽管中国为这场战争的胜利付出了惨重的代价，而胜利终归是来了。这次胜利，是华夏民族一百多年来首次取得反抗外来侵略斗争的全面胜利，雪洗国耻，在世界民族之林中重新找回华夏民族应有的地位。

　　抗战胜利后，徽因的喜悦之情堪比杜甫闻官军收河南河北，

"初闻涕泪满衣裳"。她不仅仅"漫卷诗书喜欲狂",更在爱人和知己的陪伴下高兴地坐上滑竿出门。后来为了检查身体,徽因离开李庄去重庆,没想到那次就是永远地离开李庄了……

抗战胜利到新中国成立期间,是中国历史的重要转折期,也是林徽因与梁思成人生的重要转折期。不是转角遇到爱,而是爱一直都在,转角以后,爱仍在。这份爱,是他们对建筑事业的热爱。早年他们留学美国,立志从事建筑事业的初心,从未被改变。正是因为看到人民解放军对古建筑的谨慎保护,热爱建筑事业的他们深受感动,决定留在清华,哪里也不去……

捷报传来身轻快,固疾隐忧心中埋

人逢喜事精神爽。心中快意好事自成双。抗战胜利的消息传到李庄,病中的徽因顿时心中畅快。不久,知己好友费慰梅与思成一起从重庆来到李庄,令她的快乐加倍。费慰梅走后,徽因在信中对她说:"你无法想象,你走了以后,这里有多么寂寞。你在这院子里的时候,我们多么快乐啊!"然而胜利的消息刚传来不久,好友离去后,徽因的心中依然比抗战时期欢快许多。因为抗战胜利,徽因就很愿意出门,去看看外面世界的新变化。除了先前思成和费慰梅走着陪她坐滑竿上街,后来徽因又坐轿子进城,还坐上女儿再冰两个朋友用篙撑的船,在一家饭馆吃了面,还在另一家茶铺里休息。在回家的途中,路过球场,他们还在河边茶棚中看了一场排球赛。

或许贫穷与疾病的折磨，会让岁月的痕迹留在徽因的脸上。然而，她的气质，她的神采，她的风姿，会随着岁月的沉淀愈发美丽。抗战期间蛰居李庄长达五年，疾病的困扰，家务的缠身，以及对局势的担忧，对事业的用心，使得徽因无心出门，仿佛在"闭关"修炼。胜利的消息一传来，徽因的病仿佛就好了大半，不仅喜欢到街市上去看看热闹的人们，还喜欢去学校看看快乐的学生。当徽因穿上休闲服，心情爽朗地去再冰的学校去看看的时候，她那美丽的身影还引起轰动，就像她风华正茂的青春时代一样引人注目。

四川的气候总是多雨雾。灰蒙蒙的阴雨天气，有时候会让人觉得往昔的欢乐或许不曾存在过。徽因与思成盼望着云开雾散、阳光普照的好天气，这样他们就可以一起到重庆走一趟，为了与费氏夫妇再次相聚，也为了给徽因检查身体。然而，期待愈热切，阴雨愈绵长，仿佛总也不会停下来……这不禁令徽因写信给重庆的费氏夫妇抱怨："显然你们从美国来到中国要比我们从这里去到重庆容易得多。"

期待中的旅程终于来了。徽因和思成一起从李庄出发去重庆，去和好友们相会。离开李庄时，徽因以为这只是短暂的离开，他们肯定还会从重庆回李庄收拾行李，然后才返回梦中的北平。然而，这真的是徽因最后一次离开李庄，永远地离开了李庄。因为长江险滩的治理工程，江中的爆炸作业令重庆与李庄之间的轮船完全停航，要回李庄只能走陆路，而徽因的身体状况已经不允许她这么做了。

徽因的身体状况依然不稳定，在重庆的日子里，大部分时间她还是要待在中央研究院招待所的宿舍里。在那段时间里，费慰梅有时开着吉普车带她去玩，有时候是开车去重庆郊区的南开中学接梁从诫。坐在好友开的吉普车上，徽因的目光仿佛饥饿一般捕捉着车窗外的景致。街市的服装商品、车流人潮、市井小民的日常生活，无一不让徽因觉得新鲜有趣。费慰梅还不时开车带徽因去美国大使馆餐厅用餐。徽因很喜欢与身穿美军制服的军官交谈，美国盟军帮助中国军队击败了日本侵略者，这让她感到很亲切。

徽因还带着从诫参加了马歇尔的重庆招待会。招待会的气氛很祥和，当时日军已投降而内战尚未爆发，人们都沉浸在胜利的喜悦与和平的安宁中。与会人员有中国各大党派的代表，俄国人也出席了盛会。那是一个神奇而难忘的夜晚。美酒下肚，情绪开始激昂，俄国人高兴得唱起歌来。气氛如此融洽，以致于国民党代表与共产党代表互相敬起酒来。面对着所有人都为来之不易的胜利而喜悦的画面，那种惊讶而欣喜的感觉永远印在了徽因的心里。

在重庆，为林徽因看病的医生是李欧·艾娄塞。艾娄塞医生是美国著名的胸腔外科医生，当时服务于中国善后救济总署。在中研院的招待所宿舍中，艾娄塞用听诊器为林徽因做了简单的检查，并询问了病历。之后，他瞒着徽因告诉费慰梅说，病人的两片肺与一个肾都已经感染，她的生命顶多只能维持五年了。费慰梅听后非常伤心，但是她将这个秘密埋藏在心里，没有告诉徽因，徽因也没有问。或许徽因对自己健康状况一清二楚，但是她也只是偷偷地将她的隐忧埋藏在心里。知己好友的相聚，总希望时间能再长一点，又再长一点。故而面对离别的悲伤，她们都心照不宣。

> 一声听从我心底穿过，
>
> 忒凄凉
>
> 我懂得，但我怎能应和？
>
>
> 生命早描定她的式样，
>
> 太薄弱
>
> 是人们的美丽的想象。
>
> ——林徽因《深夜里听到乐声》

春季到来访春城，知己相伴会老友

居住李庄五年，故友多在昆明，林徽因非常想念身在春城的老朋友们。四川冬天的潮湿阴冷，令林徽因的身体每况愈下，她需要一个温暖的地方来休息调养。1946年春天的时候，恰好费慰梅要到昆明去，临行前她与金岳霖商量后，一致认为这是林徽因重访昆明的天赐良机。带病乘飞机飞往高海拔地区，对于林徽因当时的身体状况来说，是有风险的。然而，为了与老友相聚，也为了在温暖宜人的气候中疗养身体，林徽因与朋友们一致认为，这个风险是值得冒一下的。她说："再次到昆明去，突然间得到阳光、美景和鲜花盛开的花园，以及交织着闪亮的光芒和美丽的影子、急骤的大雨和风吹的白云的昆明天空的神秘气氛，我想我会感觉好一些。"

来到昆明，林徽因的心情充满了阳光，她欢呼："我终于又来到了昆明！"刚到昆明，林徽因应张奚若一家的热情邀请，在他们家休息了几天。而后，她住进了朋友们事先为她找好的一座带花园的房子，那里离张家很近。在那里，林徽因享受昆明春日美丽而温暖的阳光，静静地养病。那座房子是昆明当地军阀唐继尧的祖居——圆通山唐家花园。花园中，繁花盛开，桉树参天，香气沉浮。

在张奚若家中，林徽因与奚若一家、老金、钱瑞升夫妇相聚，喜悦之情难以言表。久别重逢，好友间花了很多天时间才互相说明白几

1946 年，昆明，林徽因

年间各自的境遇。他们自由地讨论国家的政治形势、家庭经济、战争中浮沉的人物与团体，对彼此之间的想法都很容易理解。即便谈话漫无边际，老友间也洋溢着意气相投、互相信任的暖流，令大家充满感恩与激动之情。

"岐王宅里寻常见，崔九堂前几度闻。正是江南好风景，落花时节又逢君。"唐代诗人与故友久别重逢的诗句，给人以明丽而哀伤的美感。而经历战乱坎坷之后的林徽因，在边陲云南与老友们相聚的喜悦，才使得她真正体会到了唐宋时代诗人们在羁旅中偶遇故人的那种欢乐。总布胡同寻常见，学术沙龙几度闻。正是春城好风景，繁花时节又逢君。

相聚是快乐的。与此同时，他们都渴望回到北平，那里留下了他们一生中最快乐的时光。就像唐朝人思念长安、宋朝人思念汴京一样，他们都很思念北平。经历了世事沧桑，他们都有了不少变化，而不变的是他们对友谊与事业的信念。另外，经过此番历练，他们深信，生活中的苦与乐其实是一回事。

在唐家花园，林徽因静静地休养。在这繁花盛开的春季，昆明的天气简直好得不能再好了。外在美丽的自然风光，与她心中美丽的诗意一相遇合，便化为笔下美丽的文字，乘着信笺的翅膀，飞到好友费慰梅的手中，也乘着光阴的翅膀，呈现在我们的面前：

所有最美丽的东西都在守护着这个花园，如洗的碧空、近处的岩石和远处的山峦……这是我在这所新房子里的第十天。这房间宽敞、窗户很大，使它有一种如戈登·克雷早期舞台设计的效果。甚至午后的阳光也像是听从他的安排，幻觉般地让窗外摇曳的桉树枝桠把它们缓缓移动的影子映洒在天花板上！

——林徽因致费慰梅

虽然气候宜人、风光美丽，但是昆明的高海拔对林徽因的健康很不利，令她常常喘不过气来。在昆明，林徽因需要比在四川更多的静养。此时，梁思成在李庄与营造学社的同事们一起忙着整理学社的书籍、文件、图片以及技术装备，他们将之打包装箱齐整，等待着运输畅通后运回北平。思成在给费氏夫妇的信中表明对徽因在昆明静养的放心："尽管昆明的海拔高度对她的呼吸和脉搏有不良影响，但她在那里很快活。她周围有好多老友做伴，借给她的书看都看不完。有老金陪着她（多么波希米亚作风！），还有个很好的女佣，有很好的照应。我没有什么好担心的。"

是的，林徽因在昆明，沉浸在她那特有的美感喜悦里：

昆明永远那样美，不论是晴天还是下雨。我窗外的景色在雷雨前后显得特别动人。在雨中，房间里有一种难以言状的浪漫氛围——天空和大地突然一起暗了下来。一个人在外面有着寂静的大花园的冷清的屋子里。这是一个人一生也忘不了的。

——林徽因致费慰梅

此去经年转眼过，重回北平泪婆娑

行李已打包好，亲友齐聚在一起，一切都准备就绪，徽因一家与老金，住在中研院的招待所宿舍中，就等着飞机起航回到魂牵梦绕的北平。然而，他们这一等又是一个月，直至1946年7月31日，他们才踏上回家的路。

1937年9月5日，离开北平时，林徽因与梁思成还是"既年轻又漂亮"，一双儿女还很年幼。转眼间，九年的时光就在坎坎坷坷中溜走了。重回故都，徽因与思成都已满脸沧桑，疾病早已夺去了他们健康圆润的身形，剩下的是干瘪与瘦削。一双儿女，却已长成了健康的少年。此去经年，应是良辰美景空过。离开时，正是夏天的尾巴，北平的夜晚与凌晨正开始散发凉意。归来时，正是盛夏，北平的槐荫深深，蝉鸣声声，古老的城墙上仿佛还在散发出战火的余温。而不变的是西山的凉风、清华园的荷香、紫禁城的日暮，以及那昆明湖的烟波。物是人非，怎能不令人泪眼婆娑？

回到北平，教育部任命梁思成组织筹建清华大学建筑系，并兼任系主任。因此，林徽因一家没有回北总布胡同，而是落户清

深受学生爱戴的林徽因教授

华园。刚回北平时，他们暂住宣武门内国会街西南联大复员教职工接待处，而后搬入清华园新林院8号，老金等老友也都住得很近。

百废待兴，建筑系的筹建工作尚未开始，梁思成就被教育部与清华大学外派美国考察战后美国的建筑教育。与此同时，思成还应耶鲁大学与普林斯顿大学之邀前往讲学，并被外交部推荐，出任联合国大厦设计顾问团的中国代表。

创建初期的清华建筑系只有两名教师——林徽因与吴良镛，因为梁思成已出国访美，而营造学社中也要来建筑系任教的刘致平、莫宗江、罗哲文，还在从李庄押运研究资料回北平的途中。不仅仅是因为有着早年在沈阳与梁思成一起筹建东北大学建筑系的经验，林徽因对清华建筑系筹建工作的用心，全然出于她对建筑事业的热爱、对培养中国建筑研究接班人的热望。因为清华当时规定，夫妇二人不能同时在清华任教，所以林徽因一直是清华建筑系的客座教授，没有正式编制。然而什么编制不编制的，对于徽因来说只不过是身外之物，并不影响她对建筑系的热心，对学生的关爱。

1947 年，林徽因在梁再冰的陪同下游颐和园

　　虽然抗战胜利了，但是物价依然飞涨。徽因他们刚回到北平的这段时间，大米从 900 元一斤涨到了 2600 元一斤。一些贫困的学生，为了换取充饥的食物，不得不在食堂门口典当衣物。学生的困境，徽因看在眼里，急

在心上，她组织建筑系的部分人成立工艺美术设计组，承接社会上的一些活儿，其收入用于补贴贫困学生购买文具。林徽因对学生们的关爱，学生们也一直记在心底，直至她逝世后，学生们依然会在她的女儿再冰身上寻找她的影子，以表深深的怀念。

1947年，身在美国的梁思成接到电报，得知林徽因的结核病急剧恶化，需要动大手术，要他做出决定。对于思成来说，尽管在美国的事务还有很多没有完成，但是没有什么比回到此刻最需要他的爱人身边最重要的了。为此，他利落地结束美国之行，回到了林徽因身边。林徽因的手术需要切除坏肾，风险极大（该风险有梁启超的前车之鉴）。所幸的是，手术非常成功，林徽因如获新生，写诗的灵感又奔涌而出。与死亡的擦肩而过，促成了林徽因诗歌的集中发表。手术前后的一年多时间，她发表了20多首新旧诗作。这或许就是愈是困境愈要奋发的精神吧。

1946年，国共内战爆发。1948年12月，中国人民解放军第四野战军包围北平城，傅作义据城坚守，不战不和一个多月。国民党政府拟定了"抢救"学者的名单，梁思成与胡适、梅贻琦、陈寅恪等众多学者都在名单上，然而胡适、梅贻琦等人登上国民党的飞机离开北平了，梁思成与林徽因却选择留了下来。

林徽因与梁思成留下来的决定，不仅仅是因为他们看到了人民解放军第四野战军贴在清华园的安民告示，更是因为他们看到解放军对北平古建筑的保护。原来，解放军在攻城前夕，特地派人前往清华园林徽因与梁思成的家中，摊开一张军用地图，请他们在上面标出重要古建筑，圈出禁止炮轰的地方，并表示："为了保护我们民族的文物古迹，就算流血牺牲也在所不惜！"此举令林徽因与梁思成对人民解放军充满好感，并于当晚熬夜标记地图。不过，富于戏剧性的是，他们熬夜奋战标记地图，傅作义第二天就宣布投诚，不费一枪一炮，北平顺利解放，文物建筑也完好无损。

在这重要的转折时期，林徽因与梁思成选择在北平留下，最重要的原因就是他们对建筑事业的热爱，对北平文物建筑的热爱。

路转角，爱仍在，初心永不改。

第四章

最坏又最好的结局

一叶轻舟驶江河：林徽因传

花开两朵，共结一果

俗话说，三个臭皮匠赛过诸葛亮。弱者联手可变强大，由此可见集体智慧的无穷潜力。那么，强强联手，其成果就更是非同一般了。我们现在的国徽是麦稻穗、齿轮、五星与天安门的结合，华丽又不失庄严。这个最终定稿的方案，正是由清华大学与中央美术学院两个设计组的方案结合而成。林徽因正是清华大学设计组最重要的成员之一，清华方案的构思核心便来源于她；张仃作为中央美院设计组的重要成员之一，也为方案贡献了重要的构思元素。花开两朵，共结一果——这就是我们中华人民共和国的国徽，1950 年 6 月 23 日由毛主席宣布采用。

全心设计忘病体

1949 年 7 月 10 日，新中国成立前夕，全国政协筹备会在各大报纸发布公告，公开征集国旗图案、国徽图案、国歌。不仅要体现出中国特征与政权特征，还要显现出庄严富丽的视觉效果，这是国徽征集方案的要求。到 8 月 20 日截止时，共收到 900 多个应征方案，然而均不尽如人意。后来，国徽设计的任务就交给了清华大学与中央美术学院两个设计小组。清华设计小组的成员是：林徽因、莫宗江、邓以蛰、王逊、高庄、梁思成等人。其中，林徽因与莫宗江是集体设计者，其余人是参加技术意见者。中央美院设计组的成员主要是张仃、钟灵等几位画家。

据梁从诫回忆，在设计过程中，国徽的不少构思，都是由他的母亲林徽因首先提出来的。灵光一闪，徽因不仅提出自己的新想法新构思，而且立刻执笔绘制草图，和大家一起讨论切磋。这一点，梁再冰也予以了证实。梁再冰在文章《我的妈妈林徽因》中说，当年，父亲梁思成在写给她的家书中说："技术工作全由妈妈负责指挥总其成，把你的妈妈忙得不可开交，我真是又心疼，又不过意。但是工作一步步地逼迫着向前走，紧张兴奋热烈之极，同时当然也遭遇许多人事和技术的困难……妈妈瘦了许多，但精神极好。"在设计工作最紧张的时候，林徽因仍在病中，而且其情况之糟糕，已经无法去建筑系上班，只得在家办公。她的家中摆满了各式各样的草图，有时候她还在床上放一块木

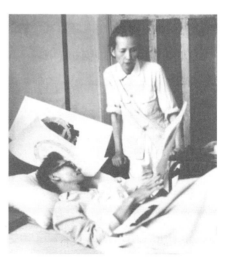

林徽因与病中的梁思成讨论国徽设计方案

板，倚床办公。在全心全意专注于设计工作的时候，徽因完全忘记了自己是个重疾在身的病人，完全沉浸在从事自己所热爱的事业的愉悦中。而她的这种精神也感染了她身边的亲朋好友，他们也都忘了她是个需要照顾的重症患者。

在忘我工作一个多月后，10月23日，林徽因领衔设计的清华小组完成了第一稿。清华的国徽第一稿方案，其说明文字如下：

拟制国徽图案以一个璧（或瑗）为主体；以国名、五星、齿轮、嘉禾为主要题材；以红绶穿瑗的结构衬托而成图案的整体。也可以说，上部的璧及璧上文字，中心的金星齿轮，组织略成汉镜的样式，旁用嘉禾环抱，下面以红色组绶穿瑗为结束。颜色用金、玉、红三色。

璧是我国古代最隆重的礼品。《周礼》："以苍璧礼天。"《说文》："瑗，大孔璧也。"这个璧是大孔的，所以也可以说是一个瑗。《荀子·大略篇》说"召人以瑗"，瑗召全国人民，象征统一。璧和瑗都是玉制的，玉性温和，象征和平。璧上浅雕卷草花纹为地，是采用唐代卷草的样式。国名字体用汉八分书，金色。

大小五颗金星是采用国旗上的五星，金色齿轮代表工，金色嘉禾代表农。这三种母题都是中国传统艺术里所未有的。不过汉镜中有齿形的弧纹，与齿纹略似，所以作为齿轮，用在相同的地位上。汉镜中心常有四瓣的钮，本图案则做成五角的大星；汉镜上常用小粒的"乳"，小五角星也是"乳"的变形。全部做成镜形，以象征光明。嘉禾抱着璧的两侧，缀以红绶。红色象征革命。红绶穿过小瑗的孔成一个结，象征革命人民的大团结。红绶和绶结所采用的褶皱样式是南北朝造像上所常见的风格，不是西洋系统的缎带结之类。设计人在本图案里尽量地采用了中国数千年艺术的传统，以表现我们的民族文化；同时努力将象征新民主主义中国政权的新母题配合，求其由古代传统的基础上发展出新的图案；颜色仅用金、玉、红三色，目的在求其形成一个庄严典雅而不浮夸不艳俗的图案，以表示中国新旧文化之继续与调和。是否差强达到这目的，是要请求指示和批评的。

历时一年终定稿

话分两头，在清华拿出"嘉禾五星红绶穿瑗"的方案时，中央美院也拿出了由天安门图案构成的国徽设计方案。1950年6月11日，全国政协常委会作出采用天安门作为国徽图案的决议，原因是天安门不仅是"五四"运动的发祥地，更是新中国的诞生地。该决议公布后，还另外补充了若干修改意见：图案中的天安门像日本房子，颜色有红有蓝不够和谐。对于该决议，梁思成表示反对："一个国徽并非是一张图画，亦不是画一个万里长城、天安门等图式便算完事，其主要的是表示民族传统精神，而天安门西洋人能画出，中国人亦能画出来的，故这些画家所绘出来的都相同，然而并非真正表现出中华民族精神。采取用天安门式不是一种最好的方法，最好的是要用传统精神或象征东西来表现的。"（秦佑国《林徽因先生与国徽设计》）面对着现有的"天安门"国徽方案，徽因与思成都一致觉得其配色过于热闹庸俗，像一个"大路货"的商标，有失庄严。

峰回路转，清华设计方案实施的希望又重现了。周恩来总理发出指示，安排清华设计组重新做一个新的方案，将其原有方案与中央美院的"天安门"方案结合在一起。此次重新设计，清华设计小组增加了新的组员：李宗津、朱畅中、汪国瑜、胡允敬、张昌龄。人员扩大了，仍旧是徽因统筹领导，具体安排各人搜集资料、设计细节，统筹整体效果，并主持一次次的"头脑风暴"构思讨论会。徽因一再向所有组员强调，国徽不能像普通商品的商标一样轻率艳俗，用色尽量减少；既要端庄稳重，也不妨富丽堂皇；要象征化、图案化、程式化；还要富于民族特色。国徽的图案不仅要能够雕塑、做证章、做钢印以及其他印章，而且要保证便于印刷不易走样。

在林徽因的设计总指导下，清华设计小组巧妙地将天安门图案与原先的方案结合在一起：天安门图案缩小，位于五星与齿轮之间，与整个画面整体协调。现在我们每天在人民币上看到的国徽图案，几乎与当年清华设计方案的定稿相差无几。清华的方案定稿于 1950 年 6 月 17 日提交，其说明文字为：

图案内以国旗上的金色五星和天安门为主要内容。五星象征中国共产党的领导与全国人民的大团结；天安门象征新民主主义革命的发源地，与在此宣告诞生的新中国。以革命的红色作为天空，象征无数先烈的流血牺牲。底下正中为一个完整的齿轮，两旁饰以稻麦，象征以工人阶级为领导，工农联盟为基础的人民民主专政。以通过齿轮中心的大红丝结象征全国人民空前巩固团结在中国工人阶级周围。就这样，以五种简单实物的形象，借红色丝结的联系，组成一个新中国的国徽。

在处理方法上，强调五星与天安门在比例上的关系，是因为这样可以给人强烈的新中国的印象，收到全面含义的效果。为了同一原因，用纯金色浮雕的手法处理天安门，省略了繁琐的细节与色彩，为使天安门象征化，而更适合于国徽的体裁。红色描金，是中国民族形式的表现手法，兼有华丽与庄严的效果，采用作为国徽的色彩，是为中国劳动人民所爱好，并能代表中国艺术精神的。

在清华设计组重新设计的同时，中央美院设计组也在重新设计。最后的成稿，中央美院的方案除了没有五星，其他的构成元素差不多，但整体效果却差别很大。6月20日，全国政协召开全体委员会。在这次会议上，周恩来总理在大家发言后，最终赞成清华的设计方案。6月23日，政协全体会议再次召开，会议由毛泽东主席主持。在会议上，毛主席提议通过了国徽的最终方案。林徽因作为特邀人员出席了此次会议，听到宣布方案通过时，她不禁流下了激动的泪水。

笔下生花，庄严的纪念

委婉，含蓄，是东方人的特性。

林徽因参与设计人民英雄纪念碑，正是秉持了东方人委婉含蓄的美学理念，避免了过于繁复与直白的表现形式，最终让纪念碑以简朴、大方、庄严的形象屹立在天安门广场上。

去繁就简铸庄严

由于国徽设计的成功，人民英雄纪念碑的设计任务又交给了清华。这一次，梁思成担任"人民英雄纪念碑兴建委员会"的副主任兼建筑设计组组长、建筑设计专门委员会召集人，林徽因也是委员会成员。

"人民英雄纪念碑兴建委员会"中，除了梁思成与林徽因，还有其他许多委员，其中包括国家领导人、建筑学家、工程学家、雕塑家、美术家、历史学家。每个人都有不一样的审美观念，故而纪念碑的方案众说纷纭：一说以巨型雕塑体现英雄形象；一说建成欧洲古典的"纪念柱"或埃及的"方尖碑"形式；一说建成一座"小天安门"，并且下面是大平台，平台上立碑，平台侧面开门，里面有展厅、展室以及厕所等设施。

　　徽因与思成秉承着一贯的民族特色美学理念，并且充分考虑到天安门周边的整体和谐美感，不仅反对纪念碑重复天安门的建筑形式，而且尤其反对高台之下开洞的形式，更别提厕所这类设备了。梁思成在写给当时的北京市市长彭真的信中说："天安门是广场上最主要的建筑物，但是人民英雄纪念碑却是一座新的、同等重要的建筑，它们两个都是中华人民共和国第一重要的象征性建筑物。因此两者绝不宜用任何类似的形体，又像是重复，而又没有相互衬托的作用。……总之，人民英雄纪念碑是不宜放在高台上的，而高台之下尤不宜开洞。至于碑身……我认为做成碑形不合适，而应该是老老实实的以多块砌成的一种纪念性建筑物的形体。……英雄碑本身之重要和它所占地点之重要都非同小可。我以对国家、对人民无限的忠心，对英雄们的无限崇敬，不能不汗流浃背、战战兢兢地要它千妥万帖才敢喘气放胆做去。"

　　1953年春，梁思成访问苏联数月，人民英雄纪念碑设计的很多领导统筹以及具体工作都落在了林徽因的肩上。在徽因写给远在莫斯科的思成的信中，我们可以看到她为纪念碑设计工作所付出的心力："我的工作现时限制在碑建会设计小组的问题上，有时是把几个有限的人力拉在一起讨论组织一下分配一下工作，做技术方面的讨论，如云纹，如碑的顶部；有时是讨论应如何集体向上级反映一些具体意见，作为一两种重要建议。今天就是刚开了一次会，有阮、邱、莫、吴、梁，连我六人。前天已开过一次，拟了一信稿呈郑副主任和薛秘书长的。今天阮将所拟稿带来又修正了一次，今晚抄出大家签名明天可发出（主要要求立即通知施工组停扎钢筋，美工组事虽定了，尚未开始，所以也趁此时再要求增加技术人员加强设计实力，反映我们对去掉大台认为对设计有利，可能将塑型改善。而减掉复杂性质的陈列室和厕所设备等等，使碑的思想性明确单纯许多）。"五天之后，徽因写给思成的另一封信又说："昨晚老莫回来报告，大约把大台改低是人人同意，至于具体草图什么时候可以画出并决定，是真真伤脑筋的事，尤其是碑顶仍然意见分歧。"所谓的意见分歧，即为雕塑家主张纪念碑碑顶上应该雕塑成一组英雄群像，徽因与思成坚持设计成传统形式的"建筑顶"。在此，不得不提的是，纪念碑碑顶距离地面有将近40米。设想一下，在那样的高度上雕塑群像，且不说无论远近都无法看清，那主题也过太于繁复混淆了吧？而且那样的话，碑顶与碑体的整体美学效果也很难协调。最终，人民英雄纪念碑还是采用了徽因与思成主张的"建筑顶"方案，今天，我们才可以在天安门广场上看到那个简朴、大方、庄重的三角形碑顶。

妙笔生花托纪念

在设计纪念碑时，徽因已经重病卧床，但她仍坚持工作。清华大学建筑学院教授、中国工程院院士关肇邺，当时就是林徽因的驻家助手。这名助手在徽因手下学到了很多东西：

> 林先生更是重病在床，不能持笔，所以需要一个人帮助绘图和跑腿。组织上选我去做这件事。这是一段近两个月的工作。在梁家客厅，支起了一台简易的绘图桌，隔壁便是林先生的卧室，很便于随时把图拿进去给她审看修改。梁先生在家时间不多，其中有一段时间他随中国科学院代表团访问前苏联……

> 工作方式是这样的：林先生全靠记忆列出一个书目，令我去图书馆借来，有不少是古碑的拓片，从中指出几个不同时代的碑边图案，她随即讲解分析了不同风格特征。看我大致体会了，就令我按纪念碑两层须弥座各个部位的形状尺寸，依选中的题材绘成适合的图案，并演变出两三种风格来加以比较，并教我如何改进提高。她的学识极广，谈论问题总是旁征博引而且富于激情。对于设计的评论，她的眼光总是敏锐而语言总是坦率的、一针见血而又幽默生动的。如她说建筑师不是测字先生（算命的），以此反对一些设计搞文字、数字隐喻；她认为建筑艺术感人之处首在总的空间和塑形，因而当时大家在追求建筑的民族化时期，她说过与其用传统细节符号来装饰，还不如在楼顶挂上"民族形式"四个大字来得明白无误（大意）。有一次我把纪念碑上浮雕的线条画得太柔弱了，她看了说，

这是乾隆 taste（品位、趣味），怎能表现我们的英雄？

——关肇邺《一九五三年春的片段回忆》

现在我们看到的人民英雄纪念碑，其碑座须弥座上的浮雕图案由橄榄枝环绕的莲花、牡丹、菊花构成。这美丽的花纹，是林徽因在无数张设计草图上精挑细选出来的。那些草图，有的是她亲笔手绘，有的是在助手绘制的基础上修改而成，无一不凝聚了她的心血与汗水。

纪念碑须弥座装饰浮雕的设计，无论是总平面规划，还是装饰图案纹样，徽因都要一张一张图纸地认真推敲，仔细琢磨。每一个图样的绘制，从小比例尺全图，一直到大样，都需要逐级放大，并在每张图上绘出人形，保证正确的尺寸。

在图案的设计风格上，徽因推崇唐代风格，她说："盛唐文化是中国历史上的华彩乐段，显示着时代风貌和社会形态。'霓为衣兮风为马，云之君兮纷纷而来下。虎鼓瑟兮鸾回车，仙之人兮列如麻。'这是何等气派！任何艺术从气势和风度讲，显然应该和社会时代一致。秦汉

人民英雄纪念碑

209

雕塑以阳刚之美为主，体现了积极进取的生命力量，而唐代雕塑则刚柔并济，同时吸收了南朝文化的精致、细腻、华美的自然灵气。秦汉雕塑在空间造型上讲究体积的庞大，气势的充沛，以大为美，以充实为美，而唐代雕塑则是浑厚中有灵巧，粗犷中有妩媚，豪放中有细腻，凝重中有轻盈。秦汉雕塑表现为物质世界的扩张和征服，唐代雕塑同时还讲这种扩张和征服与内心世界的刻画相统一。唐代雕塑代表着完满、和谐，在'比德'和'畅神'方面都做出了努力，基本上完成了中国古代文化艺术的结构体系。这些正是我们要借鉴的。唐代艺术具有与欧洲文艺复兴类似的人文主义特点，能更好地表达人民对英雄的歌颂与怀念。"

在经过众多的比较之后，徽因与助手关肇邺确定了以唐风为主的设计风格。之后又经历了两个月的时间与数百张草图的积累比较，他们才确定了花环的设计以橄榄枝为主体。至于装饰橄榄枝的鲜花，徽因与助手曾经考虑过英雄花，而经咨询花卉专家之后，得知木棉花原产地不在中国，就只好放弃了。在众多品种的花卉中，徽因等人最终选定了莲花、牡丹与菊花。由此，才有了我们后来看到的橄榄枝环绕莲花、牡丹、菊花的纹样。

橄榄枝代表和平，莲花象征高洁，牡丹寓意高贵，菊花暗含坚忍。如此花语，无声诉说在美丽流畅的浮雕曲线上，是对人民英雄烈士的最高礼赞。这样含蓄委婉的表达方式，正体现出了东方美学的精髓。

烈火奇珍，最炫民族风

早在 1928 年，林徽因与梁思成在加拿大温哥华结婚的时候，徽因自己设计制作结婚礼服，就已体现出她对传统民族风的追求。

在抗战的流亡生涯中，徽因与底层民众生活在一起，亲眼看到了陶瓷制品的制作烧制过程。那个时候，她就深深地为诞生于双手与烈火中的陶瓷精灵所折服。

艺术是相通的，对美的追求也是没有行业界限的。一颗充满诗意的心灵，放眼看世界、观生活，自然在在处处皆是诗意的美感。徽因执笔的手，不仅可以写出《莲灯》《人间四月天》这样美丽的诗歌，可以塑造梅真那样美丽的戏剧人物，可以绘制出精美的建筑图样以及纪念碑纹饰，在设计手工艺品景泰蓝这方面，她也是当仁不让的。

依然最炫民族风

景泰蓝，又名"铜胎掐丝珐琅"，俗称"珐蓝""嵌珐琅"，是北京著名的传统手工艺品。景泰蓝的制作是采用铜质胎形，在其表面焊上柔软的扁铜丝，然后将珐琅质的色釉填充于花纹内，最后烧制而成。该工艺盛行于明代景泰年间，且其所填充的珐琅釉多为蓝色，由是得名"景泰蓝"。

景泰蓝的诞生有一个美丽的传说：元代初年，皇宫突起大火，烧毁了宫室与众多的奇珍异宝，却于废墟中产出了一件宝瓶，宝瓶晶莹闪耀、色彩斑斓。皇帝极为喜爱这件宝瓶，圣旨召集京城的能工巧匠，限时三月仿制，否则全部砍头。众多工匠一筹莫展，寄希望于京城第一名匠、女娲后人"巧手李"。不久，"巧手李"梦中得到女娲娘娘赐予的口诀："宝瓶如花放光彩，全凭巧手把花栽，不得白芨花不开，不经八卦蝶难来，不受水浸石磨苦，哪能留得春常在。""巧手李"用心琢磨口诀，最终领悟，并用皇宫里的宝石金银烧制出了皇帝满意的宝瓶。因为这类宝瓶最初是皇宫的大火烧出来的，人们又称其为"奇烧宝"。该工艺在明景泰年间达到顶峰。

林徽因认为："中国的衣食住行，是一种艺术，也是一种文化，处处体现出人的精神和意志，是我国光彩夺目的文化财富之一。"（钱美华《缅怀恩师》）梁思成又说："包豪斯曾倡导过，艺术不是一种专门的职业，艺术家和工艺师之间，根本没有任何的区别。建筑、雕塑、绘画应该构成'三位一体'的环境艺术，三者都应该转向与工艺的结合。"

北京的琉璃厂古玩市场，是淘珍宝、觅古籍的好地方。在鲁迅日记中，经常可以看到他在琉璃厂淘得好书的记载，由此可见鲁迅先生对琉璃厂的喜爱。林徽因、梁思成与他们的一帮朋友也同有此好。中华人民共和国成立后，琉璃厂又恢复了抗战前的热闹景象。徽因与思成来到琉璃厂，他

20 世纪 50 年代初的梁思成与林徽因

们最喜欢淘的就是精致的景泰蓝工艺品。有一次，他们又在琉璃厂淘宝，徽因一眼看中了一只精巧的景泰蓝花瓶，拿在手中细细把玩、鉴赏。一位老者坐在摊前，说："二位先生还是有眼力的，这是正宗老天利的景泰蓝，别处你见不到了。就是老天利这家大字号，也撑不住，快关张了，北京的景泰蓝热闹了几百年，到这会儿算绝根儿了。"徽因毫不犹豫地买下了这只花瓶，然而她收获宝贝的喜悦之情，很快又被一种担忧的情绪笼罩了。因为那位老者又补充说："北京景泰蓝以老天利和中兴二厂为最大，都是清康熙的老厂，现在已经办不下去了。至于德兴成、天瑞堂、全兴成那几家小厂，就更加难以为继。"

对景泰蓝工艺濒临灭绝的担忧，令徽因寝食难安，她决定和思成在清华成立一个工艺美术研究小组，抢救民族文化遗产景泰蓝工艺。莫宗江、李宗津、高庄、王逊等人是小组的最初成员，后来又增加了钱美华与孙君莲，这二位当时刚从浙江美术学院毕

业。后来，在故宫午门参观"敦煌艺术展览"的时候，徽因巧遇老友常书鸿之女常沙娜，于是又邀请她加入清华的工艺美术研究小组。小组中后来加入的这三位女青年，在徽因的指导下，复兴了新中国的工艺美术事业。很多年过去后，她们都成了这一领域的领军人物：常沙娜是中央工艺美术学院院长，钱美华是北京市一级工艺美术大师。

景泰蓝无疑是中华民族的文化瑰宝。然而它过去仅服务于皇室贵族，在拯救改造之前，纹饰、造型等各方面又故步自封，缺乏新的发展变化。为了让它重新焕发出勃勃生机，清华工艺美术研究小组的成员需要到各处作坊实地调查，与一线的工艺匠人沟通交流，并查阅史料，研究中国的传统纹饰发展，结合社会发展的现实需要，设计出与时俱进的造型与纹饰。这样的工作，可不是一件容易的事情。

民族的才是世界的。然而，只有兼收并蓄、推陈出新，保持生生不息的活力，才能令民族工艺品焕发出最绚丽的光彩。

新颖国礼景泰蓝

在实地调查中，徽因与工艺美术研究小组的组员们一起，看到了作坊破败的景象，不禁痛心疾首。每次穿越偌大的北京城，来到城南郊外的小作坊，他们看到那些小炉灶边上稀稀落落的几位老师傅，不禁感到一阵心酸。人员的稀少，作坊的破败，不仅仅由于当时景泰蓝的产量低，更由于其款式花纹的陈旧落伍，产品质量跟不上新时代的需求。

为了让这门古老的艺术起死回生，他们需要调整产业结构，并且整体更新设计。应时所需，北京市成立了特种工艺公司，为这项拯救民族工艺的工作提供了很大的便利。

在林徽因的指导下，研究小组的组员搜集到了历代大量的纹饰图案，一一分析研究。徽因给大家讲解："中国的传统图案是这样表现它的象征意义的，世界上所有的民族、所有的文化也都有着自己的象征体系。中国的吉祥图案就是一例，它源于商周，始于秦汉，成熟于唐宋，兴盛于明清。吉祥图案以传统的装饰纹样，通过自然现象的寓意、谐音或附加文字等形式，来表现人们的愿望和追求。吉祥图案的内容大多是福禄喜庆、长寿安康。题材是动物、植物、器物、神人、符图等。这些装饰图案有着浓重的民族色彩，至今，它的民族底色不仅没有全然褪去，而且愈磨愈亮，显示了一个古老民族的传统。然而，任何事物有变化才能有发展。景泰蓝的图样设计很少有变化，这也是它不能发展的原因之一。景泰蓝这种民族工艺，要体现多方面的艺术特色，才能走出困境。我们应该编一部中国的历代图案集，推陈出新，闯一条新的路子。让王逊写文，小常、小钱、小孙你们几个画图，很快就能搞出来。"

确定思路以后，研究小组的各位成员又多次来到作坊里，一步一步地体验研究景泰蓝的实际生产过程。掐丝、点蓝、烧蓝、磨光、镀金，每一道工序他们都不会掉以轻心，谦虚地向经验丰富的老师傅学习。当初看到陶瓷制作泥胚的过程时，徽因就非常想自己亲手去参与制作。很多年后，在景泰蓝的作坊中，她终于圆了这个梦，尽管这次制作的不是陶瓷，但同样也是一件烈火中的艺术精灵。

景泰蓝这一烈火中的艺术精灵，原先仅为宫廷赏玩的贡品，纹饰过于繁琐富丽，缺少民间艺术的灵动想象力。经过这次革新，它们插上了想象力的翅膀，减去了不必要的繁琐，顿显轻灵。新的景泰蓝不仅有着古玉般的温润，也不仅有着锦缎般的明丽，而且有着宋瓷般的自然活泼。这得益于林徽因的技术指导，她在总结了传统工艺制作规律的基础上，要求新景泰蓝的花纹虚实相间，疏密对照，曲线着意重复。

宋庆龄女士数次购买林徽因设计的景泰蓝工艺品，她曾手捧一只仿宋小缸赞叹道："这件高品位的新作品，宁静的造型、装饰波纹的向前的花纹有律动的美，舒畅痛快。"

经此革新，景泰蓝复兴一时。然而林徽因依然对其命运担忧，生怕这项民族工艺难以持久，她在病床上对学生千叮咛万嘱咐："景泰蓝是国宝，不要在新中国失传。"（钱美华《缅怀恩师》）

在北京举办"亚洲及太平洋区域和平会议"期间，苏联文化代表团访问中国，他们收到了中国政府精心准备的"国礼"，其中就有林徽因设计的景泰蓝工艺品。芭蕾舞大师"天鹅公主"收到飞天图案的景泰蓝，欣喜不已，赞叹不已："真是美极啦！"

泪洒残墙，古城的心伤

平遥之所以有名，其中的重要原因之一为，它有中国境内保存完整的明清时期古代县城。西安的城墙，墙高 12 米，底宽 18 米，顶宽 15 米，总周长 13.74 公里，是中国最完整的一座古代城垣建筑。面对着历史的遗迹，思古之幽情不禁油然而生。人们感叹古代劳动人民的智慧与勤劳，珍视这历经世事沧桑之后的宝贵遗产。

笔者曾徒步徜徉于平遥古城的街市，骑车于西安城墙之上绕城一周，那种漫步于历史古迹的感觉真是令人难忘。然而，那时的感觉真有点悲喜交加。喜的是，平遥古城与西安城墙躲过历史的劫难，至今幸存；悲的是与此相比，最恢弘的北京城墙已几近荡然无存……

北京古城墙始建于元代，完工于明代，沿用于清代直至民国，经历了漫长的近七个世纪。古内城城墙和外城城墙全长 39.75 公里，共有 16 个城门。墙基宽 24 米，墙高 8 米，全部为板筑的夯土墙。到中华人民共和国成立后，古城墙基本上整体完好，梁思成与林徽因建议整体保留，却惨遭拆除，他们失声痛哭、泪洒残墙，亦无可奈何。而今，北京城内，古城墙仅在崇文门至东南角箭楼之间以及内城西城墙南端残存了两段……

"空中花园"成泡影

国共内战的最后关头，不少学者飞离大陆前往台湾或者美国等地，林徽因与梁思成舍不得剪断他们的北京情结，最终促使他们留下来的原因，是解放军请他们绘制文物保护地图，使他们看到了新政权对古文物的保护，这令他们深受感动。

中华人民共和国成立后，百废待兴，北京城的规划重建提上重要日程。林徽因与梁思成主张完整地保留整个古城，在外城建立新城。梁思成被任命为北京都市计划委员会副主任，他对北京城整体规划的主要五条意见为：第一，北京应该是政治、文化中心，而非工业中心。第二，限制城区工业的发展。因为它将导致交通堵塞、环境污染、人口剧增和住房短缺。第三，保存北京故都紫禁城的面貌，保存古建筑城墙城楼。第四，限制旧城内新建筑高度，不得超过三层。第五，在城西建设一个沿南北轴向的新政府行政中心。

徽因与思成又合作撰写了《北京——都市计划的无比杰作》一文。该文发表于《新观察》杂志，发表时仅署名梁思成。在文中，他们详尽描述北京这座古都规划的不同凡响：

　　大略地说，凸字形的北京，北半是内城，南半是外城，故宫为内城核心，也是全城的布局重心。全城就是围绕这中心而部署的，但贯通这全部部署的是一根直线。一根长达八公里，全世界最长，也最伟大的南北中轴线穿过了全城。北京独有的壮美秩序就由这条中轴线的建立而产生。前后起伏左右对称的体形或空间的分配都是以这中轴为依据的。气魄之雄伟就在这个南北引申，一贯到底的规模。我们可以从外城最南的永定门说起，从这南端正门北行，在中轴线左右是天坛和先农坛两个约略对称的建筑群；经过长长一条市楼对列的大街，到达珠市口的十字街口之后，才面向着内城第一个重点——雄伟的正阳门楼。在门前百余公尺的地方，拦路一座大牌楼，一座大石桥，为这第一个重点做了前卫。但这还只是一个序幕。过了此点，从正阳门楼到中华门，由中华门到天安门，一起一伏，一伏而又起，这中间千步廊（民国初年已拆除）御路的长度，和天安门面前的宽度，是最大胆的空间处理，衬托着建筑重点的安排。这个当时曾经为封建帝王据为己有的禁地，今天是多么恰当地回到人民手里，成为人民自己的广场！由天安门起，是一系列轻重不一的宫门和广庭，金色照耀的琉璃瓦顶，一层又一层的起伏峋峙，一直引导到太和殿顶，便到达中线前半的极点。然后向北，重点逐渐退削，以神武门为尾声。再往北，又"奇峰突起"的立着景山做了宫城背后的衬托。景山中峰上的亭子正在南北的中心点上。由此向北是一波又一波的远距离重点的呼应。由地安门，到鼓楼、钟楼，高大的建筑群都继续在中轴线上。但到了钟楼，中轴线便有计划地，也恰到好处地结束了。中线不再向北到达墙根，而将重点平稳地分配给左右分立的两个北面城楼——安定门和德胜门。有这样气魄的建筑总布局，以这样规模来处理空间，世界上就没有第二个！

此外，徽因与思成还提出了修建城墙公园的建议：保留北京壮观的城墙和门楼，城墙顶部"十米或更宽的"空间可以修建成带花圃与园艺基地的永久性公园。门楼与角楼可以用作博物馆、展览厅以及小卖部和茶馆等。城墙底部的护城河以及其间空地可以建成美丽的"绿色地带"，供广大劳动人民休闲娱乐。由城墙或城楼上俯视护城河，与郊外平原，眺望西山远景或紫禁城的重重殿宇，它将成为世界上最具特色的公园之一 —— 一座全长达39.75 公里的立体环城公园。

他们的设想非常美好，然而万分可惜的是，"城墙公园"犹如梦幻泡影，又好似古巴比伦的空中花园一般，消失于历史的迷蒙尘埃中……

地上残墙留碎梦

20 世纪 50 年代的中国，处处模仿苏联"老大哥"。毛泽东主席曾提出一个想法，他希望国家大力发展工业，希望以后他站在天安门的城楼上，放眼望去，看到的都是工厂的烟囱。……他的希望正符合苏联"老大哥"的意思。苏联专家对于北京城规划的意见就是——建成一个中国版的莫斯科，坚持以天安门为行政中心，把天安门广场建成红场的翻版。

对于"城墙公园"的提议，梁思成还引用了苏联"老大哥"的有力例证：

苏联斯摩棱斯克（Smolensk）有周长七公里的城墙，人称"俄国的项链"，第二次世界大战时毁于战火，全苏联人民献出爱心来修复它。我们北京的城墙，加上那些美丽的城楼，更应该称为一串光彩夺目的中华人民的璎珞了。它们是我们民族的珍宝，而且也是世界各国人民的文物。我们已经继承了这个历史上独一无二的无价之宝，现在怎么能够毁坏它呢？

《北京——都市计划的无比杰作》一文中阐述了他对北京城改造的想法："北京城是必须现代化的；同时北京城原有的整体文物性特征和多数个别的文物建筑又是必须保存的。我们必须

'古今兼顾，新旧两利'。"

林徽因与梁思成保护古城以及古城墙的殷殷之情，并不为当时的北京城市规划者所理解接纳。当时的政府认为，北京旧城的整体布局，是作为封建帝都，为满足当时的需要而规划的，并不能满足一个现代化国家首都在功能上的要求，不仅妨碍交通，而且限制了城市的发展。还有一个最令人无奈的理由是，城墙拆下来的砖块，可以用来建造新的建筑或者铺设公路！

对于阻碍交通这一点，徽因与思成建议，不破坏城楼和城墙的整体性，在每座城门的两边打通车辆进出的通道，即可缓解交通堵塞的问题。其实最根本的解决办法就是思成与徽因早已提到过的，整体保留旧城，在西郊另建新城，行政中心搬迁至新城。可是，非常无奈的是，无论是简单可行的通道建议，还是釜底抽薪的新城建议，当时的政府就是不予接纳——坚持城墙一定要拆！行政中心一定要设在中南海！

眼看着不少单位已经随意在古城内没有规划地造房建楼，林徽因着急地说："现在这样没秩序地盖楼房，捂都捂不住！将来麻烦就大了！要赶紧规划！"（杨秋华《怀念林徽因先生》）

林徽因与梁思成为了保存古城与古城墙，奔走疾呼、苦苦哀求，然而当权者就是无动于衷。急性子的徽因悲愤不已，公然指着决定拆除城墙的市领导的鼻子大骂："你们今天拆的是真古董，有一天，你们后悔了，想再盖，也只能盖个假古董了。"

在北京古城墙被拆除动工的那天，徽因与思成互相搀扶着来到现场，对着一地的乱砖碎土失声痛哭，悲痛不已。哭声的背后，是他们一生保护古建筑文物梦的破碎。

时至今日，北京的城门只残存"一对半"，"一对"即正阳门城楼与箭楼，"半"即德胜门箭楼；角楼只剩下内城东南角箭楼；城墙只残存了两段，位于崇文门至东南角箭楼之间以及内城西城墙南端。说起这两段残存的城墙，实在是无奈中的万幸。这两段城墙幸存下来的原因令人相当无语：当年拆除城墙的时候，老火车站员工宿舍，只盖了三面墙，这两段城墙就被直接用作宿舍的第四面墙。由于老火车站员工宿舍的存在，那两段城墙得以幸存。

随风而去，仙子告别人间

林徽因的身体一直不太好，年轻时患上的肺病始终未得到根治。1945年在重庆看病的时候，医生就曾私下对费慰梅预言，徽因的生命维持不过五年了。然而生命总是有奇迹，尤其当一个人在用全部的热情和心血从事自己所热爱的事业时，所谓的"奇迹"也就自然而然地发生了。距离1945年早已过去不止五年了，这期间，林徽因拖着病体，协助了清华建筑系的建设成立，参与了国徽、人民英雄纪念碑的设计工作，积极地拯救与革新景泰蓝传统工艺……这一项项扎实的成就，无一不是林徽因生命最后的热烈燃烧所发出的耀眼光芒。

无论工作多么繁重与辛苦，也无论病魔如何顽强地折磨人，只要能够安心地从事自己所热爱的事业，林徽因与梁思成的内心总是明朗与欢快的。然而，当他们一贯的信条与梦想被摧毁时，乌云便笼罩了心田……

风雨前夕长太息

保卫古城的无果而终，已经成了林徽因与梁思成最大的心伤。那时，他们又何曾想到更可怕的事情还在后面？梁思成因"大屋顶"思想遭受批判，这又给他们心头的伤口撒上了一把盐。他们对挚爱的文物建筑无力保护，毕生推崇的建筑信条又被迫陷入迷茫，找不到方向，这时，再面对病魔的汹汹来袭，徽因再也不想负隅顽抗，于是拒绝吃药，主动向病魔缴械投降。当徽因拒绝吃药的时候，看着她饱受重病折磨的样子，思成痛心地说："受罪呀，徽，受罪呀，你真受罪呀……"

所谓的"大屋顶"思想批判，说来颇为曲折。早在1945年抗战胜利的时候，林徽因就预料到战后将会大量重建民用住宅，于是撰写了《现代住宅设计的参考》。在中华人民共和国成立后，大量的建筑需要重建，土地面积不够，需要建筑高层混凝土建筑。至于高层混凝土建筑的式样，根据20世纪20年代在上海和南京等地就已有的现代建筑加盖传统的大屋顶的形式，有不少人主张继续沿用此中国特色的"民族形式"。徽因与思成接受过系统的现代建筑学教育，认为除了特殊建筑物以外，对于一般的建筑物来说，中国传统建筑工艺属于既往历史的产物，大屋顶"宫殿式的结构已不合于近代科学及艺术的理想"，不宜广泛采用。思成更是曾经讽刺混凝土加盖大屋顶的建筑，犹如"穿西装、戴瓜皮帽"一般不协调。

对于梁思成与林徽因的意见，苏联专家坚决予以否定。遗憾的是，徽因与思成未能始终如一地坚持他们自己的立场。思成发表了《苏联专家帮助我们端正了建筑设计的思想》等一系列文章，跟着主张大屋顶表现"民族的形式，社会主义的内容"，以为自己追赶上了主流意识形态。万万没想到的是，苏联建筑学界又"出尔反尔"地开始批判复古主义。"老大哥"的最新动向，立刻影响到中国国内的意识形态风向。梁思成一时之间莫名其妙地成了复古主义的靶子。中央宣传部门和中共北京市委联合组织了几十人的写作班子，在颐和园的畅观堂，炮制出了一百多篇火力十足的批判文章。彭真"奉劝"梁思成："你不放弃意见，我们就一篇篇地发表它们。"迫于压力，梁思成不得不公开检讨自己犯了"形式主义"与"复古主义"的错误。此后，梁思成的《建筑学报》主编职务被撤销。尤为夸张的是，1955年第一期《建筑学报》因为刊载梁思成的文章而被奉命销毁。最严重与可怕的是，突然之间，梁思成这个谦谦学者成了"千夫所指"，以前的反对者、支持者，以前的同事和学生，都将他作为批判声讨的对象，没有人敢公开替他辩护。

那样声势浩大的批判形势，林徽因在病房中虽然没有亲耳听闻、亲眼目睹，然而敏感聪颖的她是心知肚明的。她只能在病床上发出长长的太息："我们知识分子只有那么一点专业知识，连这也批得一无是处，那么我们还剩什么呢？！"（关肇邺《一九五三年春的片段回忆》）

漫漫长夜永别离

林徽因是 1954 年年底病倒住进同仁医院的。1955 年，梁思成也患上了肺结核住进同仁医院，他的病房就在徽因病房的隔壁。这样的距离，看似近在咫尺，徽因弥留之际却成了远在天涯。1955 年 3 月 31 日夜间至 4 月 1 日凌晨，林徽因进入弥留状态，她感到自己大限将至，请求值班护士让她见见隔壁病房的梁思成，没想到蛮横的护士竟以"夜深了，有话明天再说"为由拒绝。然而徽因等不到天亮了，她最后想见一见爱人的心愿竟无法达成。

1955 年 4 月 1 日凌晨 6：20，林徽因病逝于北京同仁医院，享年 51 岁。4 月 2 日，《北京日报》发表林徽因逝世讣告，公布了治丧委员会 13 人的名单：张奚若、钱端升、周培源、钱伟长、陈岱孙、金岳霖、杨延宝、吴良镛、陈占祥、柴泽民、赵深、薛子正、崔月犁。4 月 3 日，林徽因追悼会在金鱼胡同贤良寺举行。（这座寺庙也是在梁思成和林徽因的极力保护下，才免遭拆除的命运）在追悼会上，知交钱端升教授致悼词。在一副副挽联中，金岳霖与邓叔存联合题写的那一副格外瞩目："一身诗意千寻瀑；万古人间四月天。"

林徽因生前曾与梁思成约定，他们两个后死的一方要为先行一步的设计墓体，完成他们相伴一生最后送终的责任。林徽因的灵柩安葬在八宝山公墓，墓体正是梁思成如约设计的：墓碑是一方汉白玉，正是她亲手设计的英雄纪念碑底座纹饰的样品，碑名"建筑师林徽因之墓"由莫宗江书写，可惜这一行字在"文革"中被清华红卫兵砸毁。

林徽因的如此病逝，是最坏的结局，又是最好的结局。说是最坏的结局，是因为她本可以应好友费慰梅与费正清之邀，前往美国治病定居，那样她的健康状况或许会得到改善，她的学术研究也会收获更多的成就。然而她和梁思成心系祖国，坚决留在祖国大陆，与新中国共命运。说是最好的结局，是因为1955年这个时间点，还只是十年浩劫"文革"的风雨前夕。徽因在这个时间点病逝，实在是不幸中的万幸，甚至可以说是上苍的眷顾，不让她的眼睛，再看到人世的伤心与动乱。殊不知，从她走后，梁思成又经受了怎样的凄风苦雨？

林徽因病逝后，梁思成将她的全部诗歌抄录在精美的本子上，每一首都誊写得干净工整。那些美丽的诗句，除了零散发表于报刊之外，林徽因生前一直没能看到它们结集出版，而有的还是从未被发表过的。梁思成对林徽因的爱有多深，既不是那句"老婆是自己的好，文章是老婆的好"所能够简单表达的，也不仅仅是听到抗战胜利消息时爱妻却不在身边的那种深深的失落所能体现的，那种深沉的爱浸润于他们两人27年风雨与共的婚姻岁月，更呐喊于最后时光里那句"受罪呀，徽，受罪呀，你真受罪呀……"，凝聚于夜深人静时的笔端……

想念林徽因的还有憨憨的"老金"——金岳霖。1956年6月

林徽因墓

10日，老金突然请一帮老朋友在北京饭店吃饭，那天并不是什么节日，众人都感到有点丈二和尚摸不着头脑。等人都到齐就座以后，老金徐徐起身，淡然地说："今天是徽因的生日。"在座各位都唏嘘不已，深深感动于老金的一片痴情。

有一些不明真相的网友，仅凭着一点片面的消息，就恶言批判梁思成，说什么林徽因才去世不久，梁思成就着急娶了自己的学生林洙，而相比之下，金岳霖则为了林徽因终生不娶。其实，梁思成与林洙结婚，已经是林徽因逝世7年之后的事情了。如果林徽因在天堂有知，她也会乐于看到晚景凄凉的梁思成有个人照顾的。至于金岳霖的终生不娶，前文已经谈过，他曾与美女记者浦熙修有谈婚论嫁之意，奈何天意弄人，不了了之。

1972 年 1 月 9 日，梁思成在饱受"文革"的折磨后，病逝于北京。他的骨灰直至"文革"后才被允许安放在八宝山公墓的骨灰堂，与林徽因的墓地相邻。

美丽的剪影——林徽因年表

1904 年

6 月 10 日，林徽因出生于浙江杭州陆官巷祖父的住宅。

1906 年　2 岁

父亲林长民前往日本留学。

1909 年　5 岁

祖父一家迁居蔡官巷。徽因随往，并与表姐妹跟从大姑母林泽民发蒙读书。

林长民学成归国。

1910 年　6 岁

开始给在京津一带工作的父亲写家书。

出水痘。

1911 年　7 岁

祖母游氏病逝于杭州。

武昌起义后，林长民奔波于南京、上海、北京等地，宣传辛亥革命。

1912 年　8 岁

祖父一家迁居上海虹口区金益里，徽因与表姐妹就读于金益里附近的爱国小学。

1913 年　9 岁

母亲何雪媛带妹妹麟趾（后夭折）去北平追随父亲，徽因仍留在上海祖父家中。

祖父生病，父亲林长民家书嘱咐徽因要好好服侍祖父。

1914 年　10 岁

跟随祖父迁居北京与父亲团聚。

定居北京不久，祖父病逝。

1916 年　12 岁

4 月，袁世凯称帝后，全家迁居天津英租界红道路，林长民留住北京。

秋，全家又回迁北京。

徽因与表姐们就读于英国教会办的培华女子中学。

1917 年　13 岁

张勋复辟，全家又迁居天津，徽因与父留京。

7 月 17 日，林长民因支持段祺瑞讨伐张勋复辟，被任命为司法总长。

8 月，举家由津返京。

11 月 15 日，林长民拒绝接受张镇芳的贿赂，辞司法总长之职。

1918 年　14 岁

3 月 24 日，林长民赴日游历。家仍在北京南长街织女桥，徽因将家中字画编成目录，父亲归国后认为不太适用，徽因感到惭愧。但她照应家事，颇令在外的父亲欣慰不已。

徽因在家中与来访的梁启超之子梁思成相识。

1919 年　15 岁

林长民任巴黎和会观察员，发表激烈的时事评论，强烈斥责亲日派，反对日本继承德国在华权益。

1920 年　16 岁

春，林长民将赴欧洲考察，决定携徽因同行。

3 月 13 日，国民外交协会为林长民、林徽因父女饯别。

5 月 4 日，船行途中，同船学生举办"五四运动纪念会"，林长民发表演说。

8月，林徽因随父游历欧洲大陆。9月，回伦敦，以优异成绩考入圣玛丽学院学习。

11月16日，初识在伦敦经济学院上学的徐志摩。

1921年　17岁

8月，徽因跟随医生柏列特一家前往英国南部海边消暑。

10月14日，徽因与父亲从伦敦启程，借道法国回国。

11—12月，林长民、林徽因抵上海，梁启超派人接林徽因回北京，仍进培华女中读书，林长民暂居上海。

1922年　18岁

春，徽因、梁思成开始恋爱，思成受徽因影响，亦有志于建筑事业。

1923年　19岁

春，新月社成立，林长民、林徽因与诸多名流经常参加该社聚会。

5月7日，梁思成与梁思永骑摩托车追赶"国耻日"游行队伍，车祸住院。思成住院期间，徽因悉心照料。7月，思成出院，留下后遗症。

1924年　20岁

4月23日，泰戈尔访问中国，抵达北京，林徽因参与接待活动。

5月8日，贺泰戈尔 64 岁诞辰，林徽因、林长民、徐志摩等人出演泰戈尔的诗剧《齐德拉》。

泰戈尔在京期间，林徽因曾担任翻译。

6月，林徽因、梁思成共赴美国留学。

9月，徽因、思成一起进入宾夕法尼亚大学就读。

1925 年　21 岁

1月18日，林徽因加入闻一多等留美学生组织的"中华戏剧改进社"。

11月13日，梁启超将宋朝李诫的《营造法式》寄给思成与徽因。

12月24日，林长民被流弹击中，死于沈阳西南新民屯，年50岁。

1926 年　22 岁

9月，宾大美术学院建筑系聘请林徽因担任建筑设计教师的助理以及设计辅导老师。

1927 年　23 岁

9月，林徽因在宾大获得学士学位，进入耶鲁大学戏剧学院，学习舞台美术半年。

12月18日，虽然徽因与思成远在大洋彼岸，梁启超在北京为他们举办了订婚仪式。

1928年　24岁

3月21日，徽因与思成在加拿大温哥华思成姐姐家举办婚礼。婚礼后两人同游欧洲，参观古建筑，于8月18日回到北京。

9月，梁思成入职东北大学建筑系。徽因回福州探亲，接母亲到沈阳同住。

11月，梁启超病重住协和医院，梁思成、林徽因回京。

1929年　25岁

1月19日，梁启超病逝，思成、徽因为其设计墓碑。

8月，林徽因在北平生下女儿，取名再冰。

是年，张学良设奖金征集东北大学校徽设计方案，徽因设计的"白山黑水"图案获奖。

1930年　26岁

约11月，徐志摩赴沈阳，劝徽因回北平治病。

12月，徽因肺病愈发严重，回京休养。

1931年　27岁

3月，林徽因移居香山养病，同住的有母亲和再冰。期间，她先后发表诗歌《那一晚》《谁爱这不息的变幻》《仍然》《激昂》

《一首桃花》《山中一个夏夜》《笑》《深夜里听到乐声》《情愿》及短篇小说《窘》。

9月，思成、徽因离开东北大学，入职中国营造学社。是月，梁、林一家定居北平北总布胡同三号院。

11月19日，徽因在协和小礼堂为驻华使节讲中国古代建筑艺术。

同日，徐志摩坠机身亡。

徽因、思成获悉志摩坠亡，以铁树、白花编制小花圈。思成与金岳霖、张奚若赴济南处理后事。

同月，林徽因等人在北平主持徐志摩的追悼会。

12月7日，《悼志摩》发表于《北平晨报》"学园"副刊。

1932年　28岁

春末夏初，林徽因再次到香山养病。

7月至10月，创作诗歌《别丢掉》《雨后天》等。

8月4日，子从诚生。

是年，徽因、思成共同考察京郊以及河北周边古建筑。徽因发表《平郊建筑杂录》。

是年，徽因、思成结识美籍学者费正清、费慰梅夫妇。

1933年　29岁

秋，与闻一多、余上沅、杨振声、叶公超等人共同创办了

《学文》月刊。

9月，林徽因同梁思成、刘敦桢、莫宗江去山西大同考察华严寺、云冈石窟。

10月7日，建筑随笔《闲谈关于古代建筑的一点消息》发表于天津《大公报·文艺副刊》。

11月，林徽因同梁思成、莫宗江去河北正定考察古建筑。

11月18日，诗歌《秋天，这秋天》发表于天津《大公报·文艺副刊》。

12月底，作诗《忆》。

1934年　30岁

1月，中国营造学社出版梁思成的《清式营造则例》，其中的《绪论》为徽因所写。

是月，为陈梦家诗集《铁马集》设计封面。

2月、5月，发表诗歌《年关》《你是人间四月天》，小说《九十九度中》。

夏，徽因、思成与费氏夫妇同去山西汾阳、洪洞等地考察古建筑。

9月5日，散文《窗子以外》发表。

10月，徽因、思成应浙江建设厅厅长曾养甫之邀，赴杭州考察六和塔并商议重修计划，十天后又去浙南武义宣平镇和金华天宁寺考察古建筑。

1935 年　31 岁

3月，林徽因与梁思成合著的《晋汾古建筑预查纪略》发表于《中国营造学社汇刊》。

6月1日，诗歌《吊玮德》发表于南京《文艺月刊》。

6月、8月，短篇小说《模影零篇》之一《钟绿》、《模影零篇》之二《吉公》先后发表于天津《大公报·文艺副刊》。

10月，创作诗歌《灵感》《城楼上》。

11月19日，发表《纪念志摩去世四周年》。

冬，徽因经常与费氏夫妇到郊外骑马。

林徽因

1936 年　32 岁

1 至 11 月，先后发表诗歌《深笑》《静院》《风筝》《记忆》《无题》《剔空的菩提叶》《黄昏过泰山》《昼梦》《八月的忧愁》《冥思》、《空想（外四章）》(《你来了》《"九一八"闲走》《藤花前》《旅途中》)、《过杨柳》《静坐》；散文《蛛丝和梅花》《究竟怎么一回事》；短篇小说《模影零篇》之三《文珍》。

5 月 28 日，徽因、思成等前往河南洛阳龙门石窟、开封及山东历城、章丘、泰安、济宁等处考察古建筑。

9 月，担任上海《大公报》文艺作品征文评委。

10 月，众学者签署的《平津文化界对时局的宣言》，向国民党当局提出抗日救亡八项要求，林徽因为文艺界发起人之一，并参加签名。

是年，选编《大公报文艺丛刊小说选》并为其作序。

1937 年　33 岁

1 至 7 月，先后发表诗歌《红叶里的信念》《十月独行》《时间》《古城春景》《前后》《去春》；话剧《梅真同他们》；短篇小说《模影零篇》之四《绣绣》。

是年，任《文学杂志》编委会委员，并为创刊号设计封面。

是年，徽因、思成应顾祝同邀请，到西安考察小雁塔并商议维修计划，同时还到长安、临潼、户县、耀县等处考察古建筑。

7月，与梁思成、莫宗江、纪玉堂赴五台山考察古建筑，林徽因意外发现榆次宋代的雨花宫及唐代佛光寺的建筑年代。

7月15日，林徽因一行到代县，得知发生"七七事变"，匆忙返京。

9月5日，举家离京，辗转一个多月，十月中旬到达湖南长沙。

11月24日，日机空袭长沙，林徽因一家死里逃生。

12月8日，举家离开长沙前往昆明。

1938年　34岁

1月中旬，到达昆明，居止园。年底迁至巡津街九号。

是年，创作诗歌《昆明即景：一、茶铺，二、小楼》。

1939年　35岁

春，因日机轰炸，举家迁居郊区龙泉镇麦地村。

2月5日，散文《彼此》发表于昆明《今日评论》。

6月28日，诗歌《除夕看花》发表于香港《大公报·文艺副刊》，笔名"灰因"。

是年，徽因与思成为云南大学设计宿舍。

1940年　36岁

5月，迁居龙泉镇龙头村，并在那里设计建造了他们自己的住房。

11月，营造学社随史语所入蜀，徽因一家亦迁四川南溪县李庄镇上坝村。

年底，徽因结核病复发，从此卧病四年。

1941年 37岁

3月14日，徽因三弟林恒在对日作战中阵亡。

6月、7月，梅贻琦、罗常培探望病中的林徽因。

是年，徽因在病床上沉迷于汉朝美术，读书不辍。

1942年 38岁

春，创造诗歌《一天》。

是年，梁思成编写《中国建筑史》，林徽因帮助他查阅资料，抱病阅读二十四史。她还写了该书的五代、宋、辽、金部分，并承担了全部书稿的校阅和补充工作。

11月，费正清、陶孟和从重庆去李庄看望林徽因、梁思成。

1944年 40岁

春，创作诗歌《忧郁》《哭三弟恒》。

10月，林徽因散文《窗子以外》入选朱自清主编的《西南联大语体文示范》。

冬，创作诗歌《十一月的小村》。

1945 年　41 岁

8 月中旬，费慰梅在梁思成的陪同下到李庄看望林徽因。

10 月，建筑论文《现代住宅设计的参考》发表于《中国营造学社汇刊》。

11 月，思成陪徽因到重庆检查身体。

1946 年　42 岁

2 月，林徽因在费慰梅陪同下乘机赴昆明休养。

上半年，创作诗歌《对残枝》《对北门街园子》。

7 月 31 日，林徽因、梁思成同西南联大众教授由重庆乘机返回北平。

10 月，梁思成赴美访问。

11 月 24 日，散文《一片阳光》发表于天津《益世报·文学周刊》。

1947 年　43 岁

是年，创作诗歌《给秋天》《人生》《展缓》《病中杂诗》。

深秋，与再冰及其同学游颐和园。

12 月，在白塔寺医院做肾切除手术，手术成功。

1948 年　44 岁

2 月 18 日，创作诗歌《我们的雄鸡》。

2 至 5 月，先后发表诗歌《空虚的薄暮》《昆明即景》《年轻的歌》《病中杂诗九首》《哭三弟恒》。

3月21日，徽因与思成结婚20周年纪念日，邀好友在家中举办茶话会，徽因作有关宋朝都城的建筑学术报告，以表庆祝。

12月下旬，两名解放军到林徽因家中，请梁、林在地图上圈出保护古建筑目标，为此他们对新政权颇具好感。

1949年 45岁

北平解放，林徽因被聘为清华大学建筑系一级教授。

3月，支持女儿再冰的选择，送其参加南下工作团。

7月，政协筹委会将国徽设计任务交给清华大学和中央美院。清华大学由林徽因、莫宗江等人参与设计工作。

10月23日，林徽因等人完成国徽设计方案第一稿。

1950年 46岁

5月，林徽因、梁思成在北京旧城改造讨论会上，提出保留城墙用以建设城墙公园的设想。

6月11日，根据周总理的指示，清华大学设计组重新设计国徽，此次设计将林徽因与张仃的两个方案结合在一起。

6月23日，林徽因作为特邀人员参加全国政协一届二次会议。

1951 年　47 岁

8月16日，建筑论文《谈北京的几个文物建筑》发表于北京《新观察》。

是年，林徽因被任命为"人民英雄纪念碑建筑委员会"委员，并承担设计碑座纹饰和花圈浮雕的任务。

是年，林徽因抱病深入民间作坊调查研究景泰蓝工艺，并设计了一批具有民族风格的景泰蓝工艺品，这些工艺品无论造型，还是图案、配色都很新颖。

1952 年　48 岁

1月至7月，林徽因应《新观察》之约，为"我们的首都"专栏供稿，撰写了《中山堂》《北海公园》《天坛》《颐和园》《雍和宫》《故宫》等一系列介绍北京古建筑的文章。

5月，林徽因、梁思成合译的《苏联卫国战争被毁地区之重建》在上海龙门联合书店出版。林徽因为该书作译者序。

5月3日，林徽因、梁思成合著长文《达·芬奇——具有伟大远见的建筑工程师》在《人民日报》发表。

1953 年　49 岁

8月20日，在北京市副市长吴晗主持召开的"关于首都文物建筑保护问题座谈会"上，林徽因作长篇发言。

10月，林徽因当选建筑学会第一届理事会理事，并担任《建筑学报》编委。

是年，林徽因审阅《中国建筑彩画图案·清式彩画》书稿，并为其作序。该书由北京市文物整理委员会编。

1954 年 50 岁

8 月 10 日，林徽因当选为北京市人大代表。

12 月，林徽因与梁思成、莫宗江合写的论文《中国建筑发展的历史阶段》在《建筑学报》发表。

年底，徽因病危，住同仁医院。

1955 年 51 岁

4 月 1 日 6 时 20 分，林徽因于同仁医院病逝。

4 月 2 日，《北京日报》发表林徽因讣告。

4 月 3 日，林徽因追悼会在金鱼胡同贤良寺举行，灵柩安放在八宝山公墓，墓体由梁思成设计。治丧委员会由张奚若、周培源、钱端升、钱伟长、金岳霖等 13 人组成。

后记：临渊羡鱼，不如退而结网

相遇是缘。

相识是缘。

相知是缘。

缘浅缘深，由是递进。

人与人之间如是，人与书之间亦如是。

唐诺说："有一百万本书选择的时候一定是一个灾难。"在这个图书市场充分饱和的信息化时代，对一般人而言，能静静地捧起一本书翻阅，并享受其中的阅读乐趣，那么这个人与这本书的缘分不浅——是百千万劫难遭遇的缘分。

有缘千里来相会，无缘对面不相识。

在笔者的初中时代，电视剧《人间四月天》热播，身边的同学激动不已地讨论林徽因与徐志摩，笔者却无动于衷，那时仅仅是才闻林徽因之名。

在笔者埋头于国家图书馆缩微胶片室的那段时光，胶片上字迹模糊的《文学杂志》令我头疼不已。梅真那天真纯洁的形象，开始印入我的脑海中。我才开始初步认识到林徽因的才华。

在第一次读到林徽因的诗歌《莲灯》的时候，我深受感动，立刻将它抄录在读书笔记中。"荧荧虽则单是那一剪光，我也要它骄傲的捧出辉煌。"这句诗深深地勉励了我。

再后来，林徽因的相关作品与资料越看越多，我与她的缘分也就越来越深。直至本书的成形，我越来越能感受到林徽因的超凡魅力。在她身上，我看到的不仅是美丽、诗意、智慧、勤奋，也不仅仅是她对孩子的深深母爱，对建筑研究以及教学工作的兢兢业业，更是她在乱世中那种坚韧不拔的精神。她的那句"温柔要有，但不是妥协，我们要在安静中，不慌不忙地坚强"，我一直用以自勉，将之抄写在书桌旁。

林徽因的绝代风华，令人艳羡。林徽因的文学素养，令人佩服。林徽因的建筑成就，令人仰止。林徽因的圆满婚姻，令人渴慕……

临渊羡鱼，不如退而结网。上天没有赋予每个人姣好的容颜，却给了每个人平等的机会：只要你勤于锻炼身体、健康饮食，注意得体的服饰搭配，每个人都可以遇见最美的自己。或许不是每个人都有文学天分，但是勤能补拙，"熟读唐诗三百首，不会作诗也会吟"。不是每个人都能成为设计师，也不是每个人都能当上大学教授，但是"三百六十行，行行出状元"，努力去追寻自己的梦想吧。或许有人会说，相爱一生的灵魂伴侣，可遇不可求。然而，内心阳光的人，所到之处遍洒光明与温暖。自己首先是一个快乐的人，然后才能遇到共度幸福的另一半。所以说，凡事不必抱怨，先从改变自己开始吧。

2013 年 12 月 8 日长风之夜

于京郊求缺书斋

主要参考书目

1. 林徽因. 林徽因全集. 北京：新世界出版社，2012.

2.（美）费慰梅著，成寒译. 林徽因与梁思成. 北京：法律出版社，2010.

3. 梁从诫. 不重合的圈. 天津：百花文艺出版社，2003.

4. 陈学勇. 莲灯诗梦林徽因. 北京：人民文学出版社，2012.

5. 岳南. 如果我的心是一朵莲花：林徽因时代的追忆. 北京：中华书局，2012.

6. 张清平. 林徽因传. 天津：百花文艺出版社，2007.

7. 林彬. 林徽因传：一代才女的心路历程. 北京：九州图书出版社，1998.

8. 林洙. 梁思成、林徽因与我. 北京：清华大学出版社，2004.

9. 白落梅. 你若安好　便是晴天. 北京：中国华侨出版社，2011.

10. 梁思成先生诞辰八十五周年纪念文集. 北京：清华大学出版社，1986.

11.（美）费正清著，陆惠勤、陈祖怀、陈维益、宋瑜译. 费

正清对华回忆录 . 北京：知识出版社，1991.

12. 丁文江，赵丰田编 . 梁启超年谱长编 . 上海：上海人民出版社，2009.

13. 刘培育主编 . 金岳霖的回忆与回忆金岳霖 . 成都：四川教育出版社，2000.

14. 萧乾 . 萧乾全集 . 武汉：湖北人民出版社，2005.

15. 徐志摩 . 徐志摩全集 . 北京：中央编译出版社，2013.

16. 梁启超 . 饮冰室合集 . 北京：中华书局，1989.

17. 凌叔华 . 凌叔华经典作品 . 北京：当代世界出版社，2004.

18. 冰心 . 冰心全集 . 福州：海峡文艺出版社，1994.

19. 沈从文 . 沈从文全集 . 太原：北岳文艺出版社，2002.

20. 胡适 . 胡适日记全编 . 合肥：安徽教育出版社，2001.

21. 中国社会科学院近代史研究所中华民国史组编 . 胡适来往书信选（上中下）. 北京：中华书局，1979.

22. 刘小沁编选 . 窗子内外忆徽因 . 北京：人民文学出版社，2001.

23. 林洙 . 困惑的大匠梁思成 . 济南：山东画报出版社，1997.

24.（捷克）米兰·昆德拉著，许钧译 . 不能承受的生命之轻 . 上海：上海译文出版社，2003.

25.（美）苏珊·桑塔格著，程巍译 . 疾病的隐喻 . 上海：上海译文出版社，2003.

26.（苏）安德烈·塔可夫斯基著，陈丽贵、李泳泉译 . 雕刻时光 . 北京：人民文学出版社，2003.